누구나
쉽고 재미있게

사고력 수학

노크

B6
(9~10세)

규칙

이 책을 보시는 부모님들께

머리가 좋아야 수학을 잘 한다는 말이 있습니다. 또, 수학을 잘 못하는 아이는 아빠, 엄마의 머리를 물려받아서 그렇다는 등의 난데없는 유전자 논쟁이 벌어지기도 합니다. 하지만 많은 사람들의 일반적인 생각과는 달리 이는 근거없는 이야기입니다. 외국의 한 연구 기관에서 언어, 사회, 수학, 과학의 네 가지 분야 중 어떤 것이 아동의 선천적 재능에 영향을 받는지 조사한 연구 결과를 발표했는데 일반적인 예상과는 다르게 선천적 재능에 영향을 받는 순서는 사회, 언어, 과학, 수학 순이었습니다. 다시 말해, 수학은 여러 학문 분야 중 선천적인 재능보다는 후천적인 환경이나 교육자, 학습자의 노력에 가장 큰 영향을 받는 학문이라 볼 수 있습니다. 수학의 가장 기본이 되는 '수 영역'의 예를 들어 보겠습니다. 아이들이 수를 처음 접하는 시기의 차이는 있지만 실제 수에 대한 감각과 수를 다루는 연습은 생활 속에서의 체험이나 다양한 활동, 학습 속에서 이루어집니다. 즉, 수학의 가장 기본이 되는 수는 선천적으로 가진 재능과는 거의 연관이 없으며 자라나면서 어떤 환경에 놓이는지, 얼마나 많이 수를 생각할 수 있는 기회가 있는지, 나이에 맞는 올바른 학습을 만날 수 있는지에 좌우됩니다. 그러므로 아이의 수학적 발달에 문제가 있다면, 그 아이가 누구를 닮아서 그런지, 지능이 떨어지는지를 따질 것이 아니라 수학적 힘을 기를 수 있는 학습 환경을 어떻게 만들어줄 것인가를 고민해야 합니다.

국제영재교육연구소의 랜즐리 소장은 영재의 기준을 마련하기 위해 여러 연구를 시행한 결과, 영재의 공통적인 특징들을 발견하였습니다. 첫째는 115 이상의 지능지수(IQ), 둘째는 창의력(Creativity), 셋째는 동기적 요소라고 부르는 끈질긴 근성과 과제집착력이었습니다. 이들 세 가지 요소 역시 선천적으로 타고 나는 부분도 물론 있겠지만 대부분 후천적인 학습이나 교육 활동을 통해 기를 수 있는 능력이라는 데에 이의를 제기하기는 힘듭니다.

이 처럼 수학적 능력은 후천적 학습 환경에 주로 좌우되며, 특히 어린 시절 에는 그러한 경향이 더더욱 두드러집니다. 하지만 우리의 아이들을 둘러싼 수학적 환경을 다시 한 번 돌아봅시다. 초등학교를 들어가기 전부터 과도한 학습량과 무의미한 반복 활동, 이후의 수학 학습에 오히려 방해가 될 정도로 무리한 선행 학습 등의 환경은 아이의 수학적 힘을 길러주기보다는 수학에서 가장 중요한 창의적 사고력을 기를 수 있는 기회를 박탈함과 동시에 수학에 대한 흥미를 급속하게 떨어뜨리게 하여 수학으로 문제를 해결하려는 의지, 즉 수학적 동기를 스스로에게 부여하는 것을 불가능하게 만들어 버립니다. 중요한 것은 남들보다 먼저, 그리고 더 많이 수학적 지식을 머리 속에 주입하는 것이 아니라 태어나서부터 누구나 가지고 있는 수학에 대한 관심, 그리고 수학으로 생각하는 힘을 일깨워주는 것입니다.

수학을 잘할 수 있는 힘,

수학적 잠재력은 이미 여러분 아이들의 머릿 속에 줄곧 있어왔습니다. 단지 어떤 아이는 그것을 찾아내어 드러낼 수 있었고, 어떤 아이는 꼭꼭 숨긴 채 평생 드러나지 않을 뿐입니다. 이러한 수학적 잠재력에 대한 참신한 자극 – 생각을 두드리는 '노크'를 제안하려 합니다. '노크'는 수학적 지식과 스킬만을 무리하게 밀어넣지 않습니다. 왜 수학을 해야 하고, 어떻게 수학으로 가능한지 끊임없이 스스로 생각하게하는 계기로서의 활동이 되려 합니다. 일상으로부터 괴리된 학문으로서의 수학이 아닌, 삶을 살아가며 반드시 키워야 할 논리적, 합리적 사고력을 기를 수 있는 누구에게나 가장 중요한 경쟁력으로서의 수학을 주장합니다. '노크'야말로 새로운 수학 학습의 길을 보여주는 방향타가 될 것입니다.

한 현 조

똑!똑! 사고력 수학
노크의 구성

시작 : 생각열기

사고력 수학 주제에 맞는 수학적 상황, 수학사, 생활 속 수학 이야기 등의 자유로운 형식으로 흥미를 유발하고, 수학적 사고를 자극하는 주제별 프롤로그

노크 포인트

문제 해결의 핵심적 원리를 '콕!' 집어서 간결하게 요약한 사고력 수학 주제별 포인트

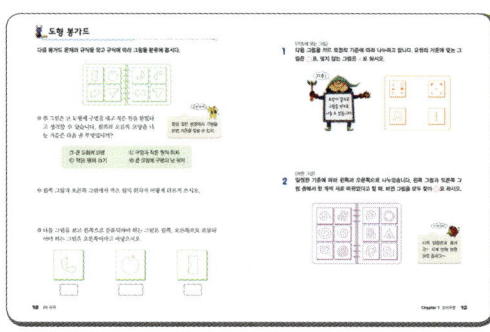

전개 : 유형 탐구

사고력 수학의 대표 유형을 노크만의 새로운 방법으로 차근차근 한 단계씩 익히고 해결하는 단계적 유형 탐구와 이를 통해 익힌 방법적 원리를 적용, 확장하는 확인 문항

갈 생각해 봐!

수학 요정들의 친절한 충고와 꼬마 요괴들의 밉살스럽지만 유용한 조언으로 어려운 발전 문항의 해결을 돕는 문제 해결 도우미 박스

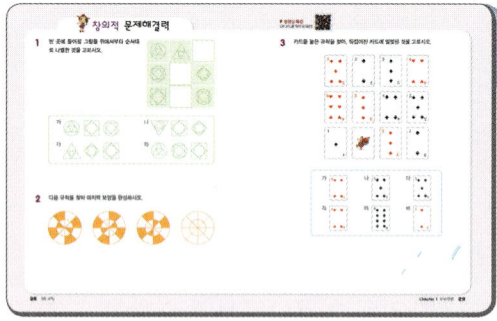

발전 : 창의적 문제해결력

3개의 사고력 수학 주제를 갈무리하는, 한 차원 높은 창의력과 복합적인 사고력을 요구하는 발전 문항의 끝판왕

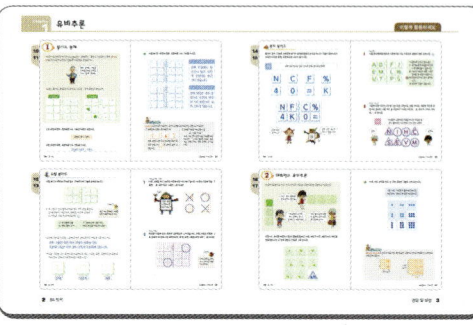

마무리 : 정답 및 해설

본문에 그대로 첨삭된 정답과 간략한 풀이 과정을 통한 사고력 수학 활동 피드백으로 마무리

노크
캐릭터 소개

지식을 되찾기 위해 노크랜드로 떠난 모험가 친구들

일단 저지르고 보는 거야!

난 궁금한 건 절대 못 참아.

침착하게 위기를 벗어나야 해.

생각으로 아주 멀리까지 날아가.

태경
활동파 리더

지오
호기심 공주

초이
조용한 전략가

아인
꼬마 천재

마법사 멀린과 수학 요정

마법사 멀린

노크랜드의 지식의 수호자. 지식을 파괴하려는 대마왕의 음모에 맞서 모험을 떠난 친구들의 든든한 조력자.

아르키메데스

페르마

플라톤

파스칼

피타고라스

가우스

유클리드

오일러

대마왕과 꼬마 요괴

대마왕

노크랜드의 지식의 파괴자. 세계를 차지하기 위해 모든 지식을 없애버리려고 하는 요괴들의 두목.

딴소리

한입

장난

딴짓

멍하니

잠만자

울보

거꾸로

이 책의 차례

CONTENTS

유비추론

봉가드 문제

러시아의 과학자 봉가드(Bongard)는 1967년 「패턴인식」이라는 책에 '봉가드 문제'라고 불리게 되는 100개의 문제를 실었습니다.

왼쪽 6개의 그림과 오른쪽 6개의 그림을 나눈 기준을 찾아봐.

다음은 봉가드 문제 중 가장 먼저 나오는 1번과 2번 문제입니다.

1번 문제의 왼쪽, 오른쪽을 나눈 기준은 다음과 같습니다.

그림이 있다. / 없다.

2번 문제의 왼쪽, 오른쪽을 나눈 기준을 쓰시오.

다음 봉가드 문제의 왼쪽, 오른쪽을 나눈 기준을 쓰시오.

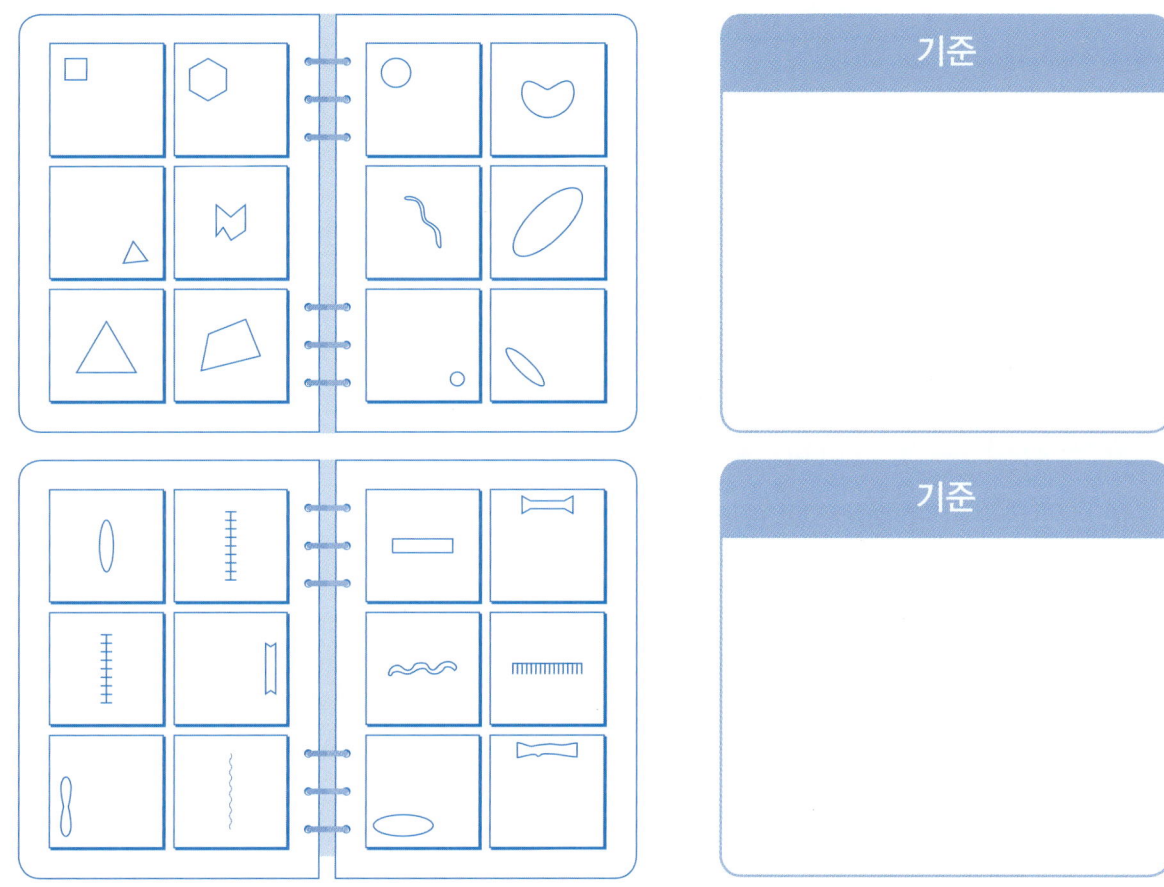

기준

기준

노크 포인트

유비추론이란 주어진 모양이나 단어의 관계를 보고 추리하는 것을 이야기합니다.

① 공통점을 이용한 유비추론의 예

왼쪽 모양은 비어 있고, 오른쪽 모양은 채워져 있습니다. 은 왼쪽과 같은 모양입니다.

② 관계를 이용한 유비추론의 예

손 : 장갑 = 발 :

손에 끼는 것이 장갑이라는 관계를 생각해 보면 안에 알맞은 단어는 발에 끼는 '양말'이라는 것을 추리할 수 있습니다.

 # 도형 봉가드

다음 봉가드 문제의 규칙을 찾고 규칙에 따라 그림을 분류해 봅시다.

❶ 위 그림은 큰 도형에 구멍을 내고 작은 원을 붙였다고 생각할 수 있습니다. 왼쪽과 오른쪽 모양을 나눈 기준은 다음 중 무엇입니까?

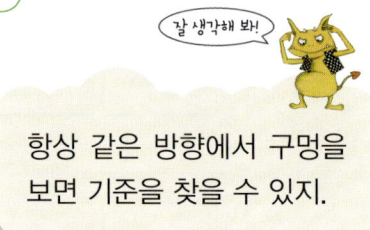

잘 생각해 봐!

항상 같은 방향에서 구멍을 보면 기준을 찾을 수 있지.

> ㉠ 큰 도형의 모양 　　　 ㉡ 구멍과 작은 원의 위치
>
> ㉢ 작은 원의 크기 　　　 ㉣ 큰 모양에 구멍이 난 위치

❷ 왼쪽 그림과 오른쪽 그림에서 작은 원의 위치가 어떻게 다른지 쓰시오.

❸ 다음 그림을 보고 왼쪽으로 분류되어야 하는 그림은 왼쪽, 오른쪽으로 분류되어야 하는 그림은 오른쪽이라고 써넣으시오.

　　　　　　　　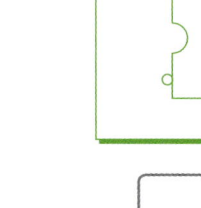

1 다음 그림을 카드 요정의 기준에 따라 나누려고 합니다. 요정의 기준에 맞는 그림은 ◯표, 맞지 않는 그림은 ✕표 하시오.

[바뀐 그림]

2 일정한 기준에 따라 왼쪽과 오른쪽으로 나누었습니다. 왼쪽 그림과 오른쪽 그림 중에서 한 개씩 서로 바뀌었다고 할 때, 바뀐 그림을 모두 찾아 ◯표 하시오.

문자 봉가드

문자와 숫자, 기호를 사용하여 봉가드 문제를 만들어 보려고 합니다. 다음 기준에 따라 주어진 카드를 왼쪽, 오른쪽으로 나누어 놓으시오.

기준	선과 선이 만나는 점이 있으면 왼쪽, 없으면 오른쪽

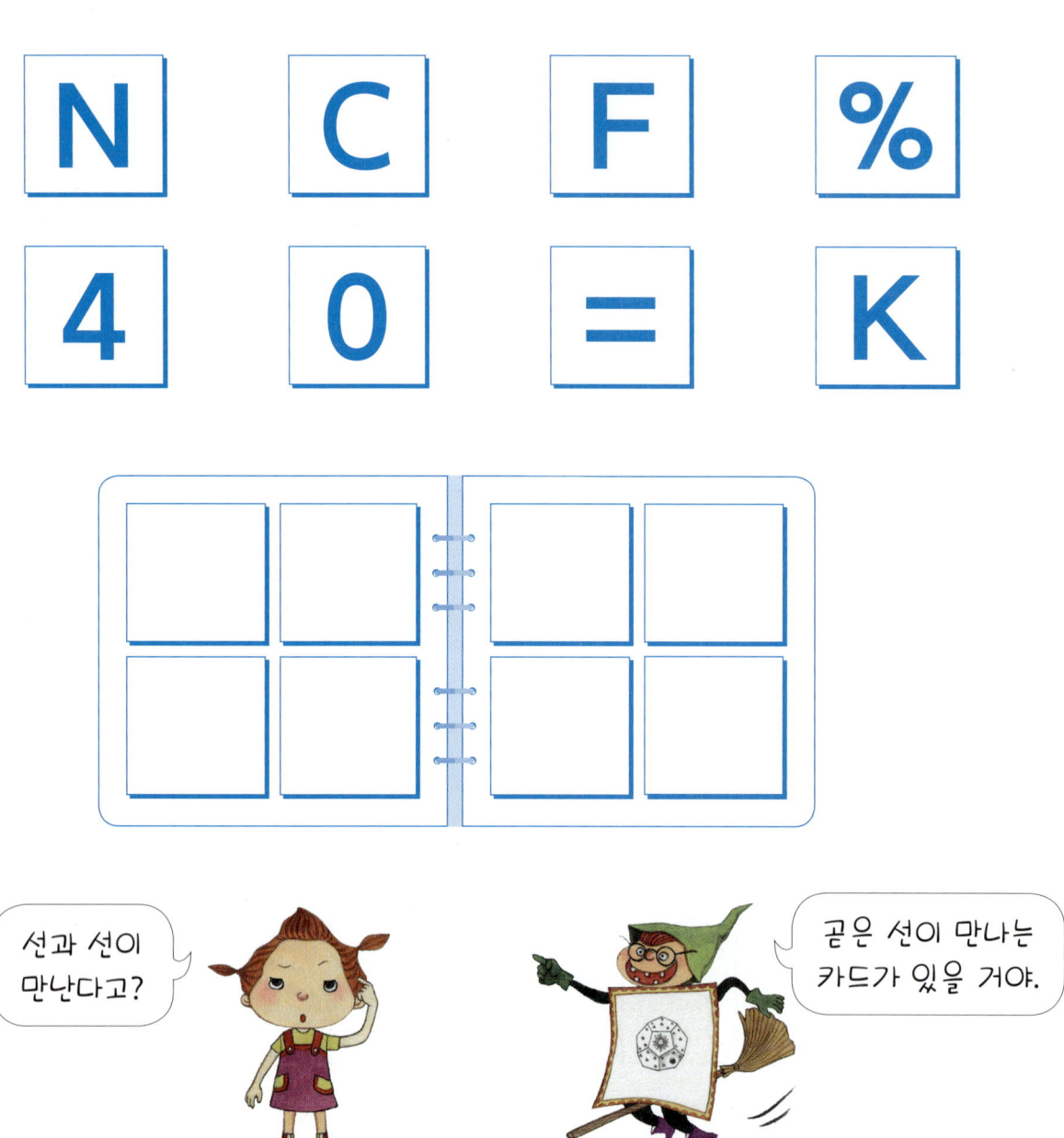

[알파벳]

1 다음 알파벳들을 왼쪽과 오른쪽으로 나눈 기준으로 알맞은 것을 고르시오.

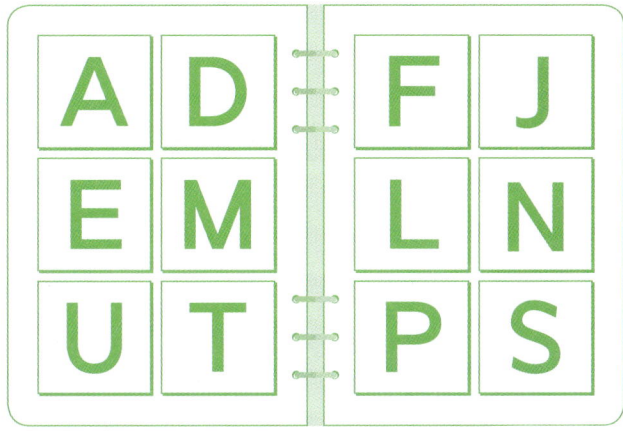

㉠ 글자에 곡선이 있습니다.

㉡ 글자를 쓸 때 연필을 떼지 않고 한 번에 쓸 수 있습니다.

㉢ 가로나 세로로 선을 그으면 접었을 때 모양이 같습니다.

㉣ 뒤집어 보아도 같은 글자입니다.

㉤ 글자에 구멍이 있습니다.

[카드 나누기]

2 기준에 따라 주어진 카드를 나눈 다음, 아인이는 왼쪽, 초이는 오른쪽 카드를 갖는다고 합니다. 다음 카드 중 아인이가 가지는 카드에 ◯표, 초이가 가지는 카드에 △표 하시오.

기준	알파벳의 오른쪽에 거울을 비추어 보았을 때 같은 알파벳인 것은 왼쪽, 아닌 것은 오른쪽

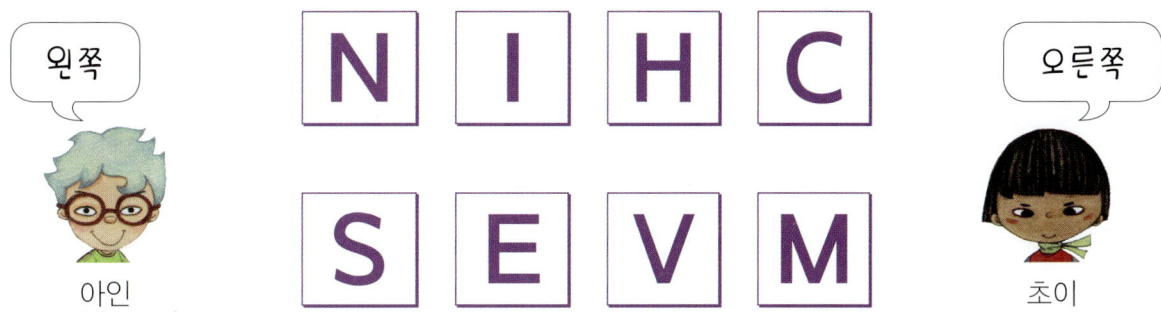

왼쪽 — 아인

오른쪽 — 초이

 매트릭스 유비추론

초이와 태경이가 각자 자신이 만든 패턴을 아인이에게 설명하고 있습니다.

내가 만든 패턴은 도형 3개가 회전해.

초이

내 패턴은 사각형 안이 채워져 있고, 빗금이고, 비어 있어.

태경

너희 둘이 만든 패턴을 합쳐서 멋진 패턴을 완성해 보자!

아인

아인이는 초이와 태경이가 만든 패턴을 합쳐서 가로, 세로가 각각 3줄씩 있는 패턴을 만들었습니다. 빈 곳에 알맞은 그림을 그려 보시오.

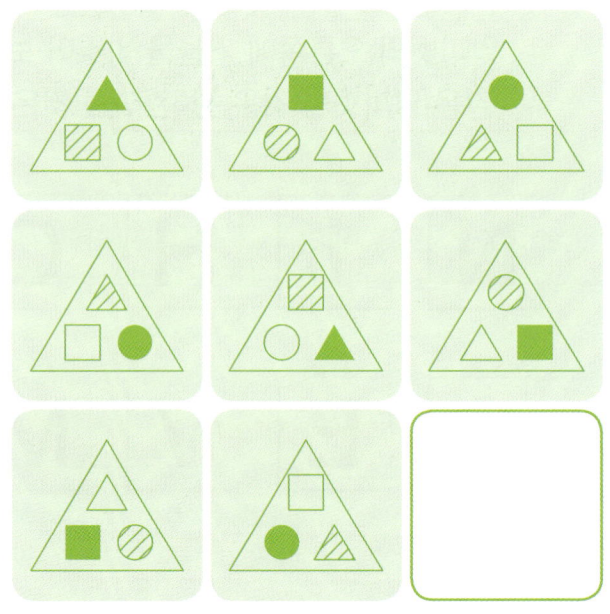

🕐 가로, 세로 규칙을 보고, 빈 곳에 알맞은 그림을 그려 넣으시오.

> 가로 규칙: 가로로 한 줄씩 늘어납니다.
> 세로 규칙: 세로로 한 줄씩 늘어납니다.

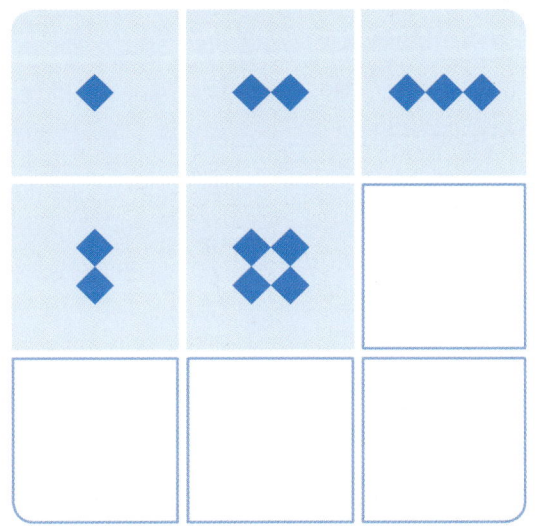

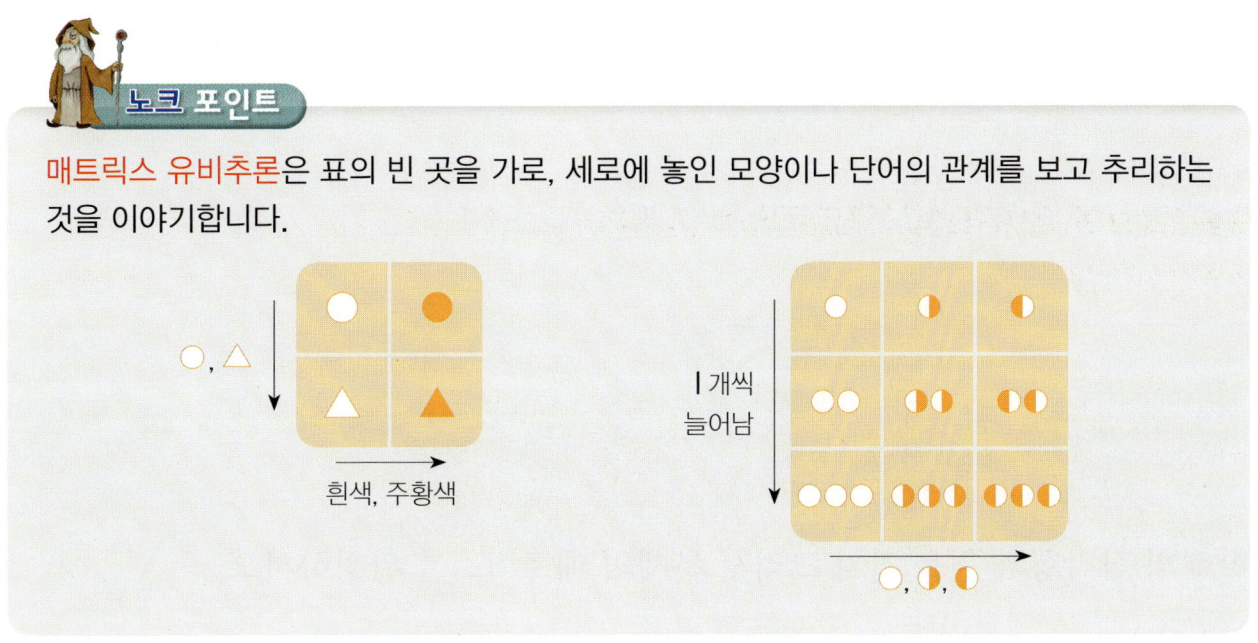

노크 포인트

매트릭스 유비추론은 표의 빈 곳을 가로, 세로에 놓인 모양이나 단어의 관계를 보고 추리하는
것을 이야기합니다.

 도형 매트릭스

다음 도형 매트릭스의 빈 곳에 알맞은 그림을 알아봅시다.

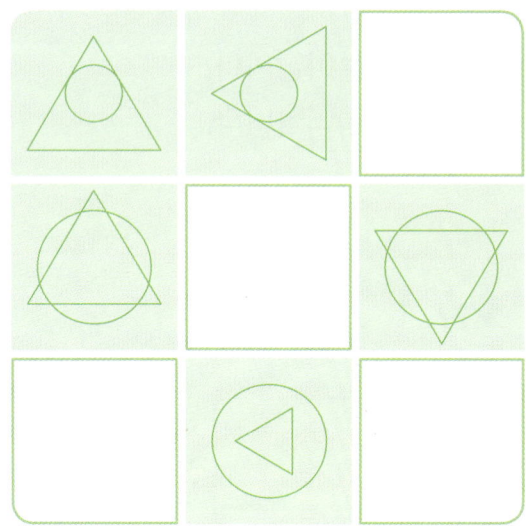

복잡하긴 한데……. 원과 삼각형을 따로 나누어서 규칙을 찾아봐야겠군.

❶ 위 매트릭스에서 삼각형과 원을 따로 그려서 매트릭스를 만들었습니다. 빈칸에 알맞은 그림을 그리시오.

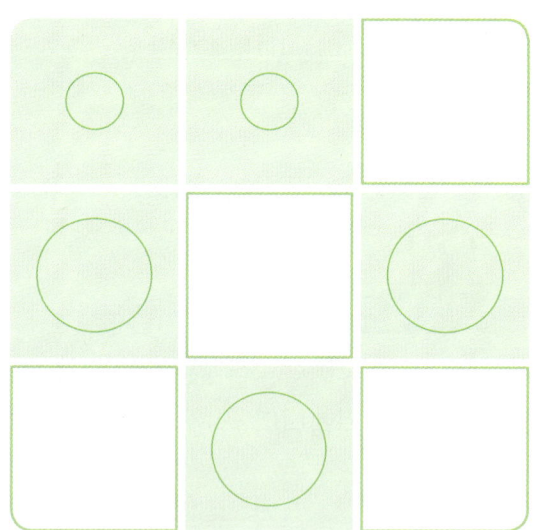

❷ ❶의 삼각형과 원을 겹쳐 그려서 문제의 매트릭스를 완성하시오.

1 매트릭스 패턴의 규칙에 맞게 빈 곳에 알맞은 그림을 그려 넣으시오.

모양, 색깔, 개수의 규칙
을 모두 찾았을까?

2 회전하는 매트릭스 패턴의 규칙에 맞게 빈 곳을 알맞게 색칠하시오.

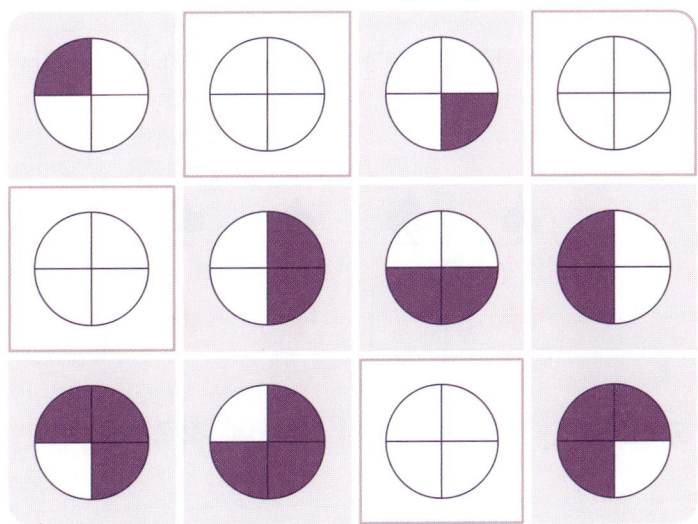

 카드 매트릭스

일정한 규칙에 따라 카드를 나열한 다음, 두 장의 카드를 뒤집었습니다. 다음 카드에서 A는 1을 나타낸다고 할 때, 뒤집어 놓은 카드는 무엇인지 알아봅시다.

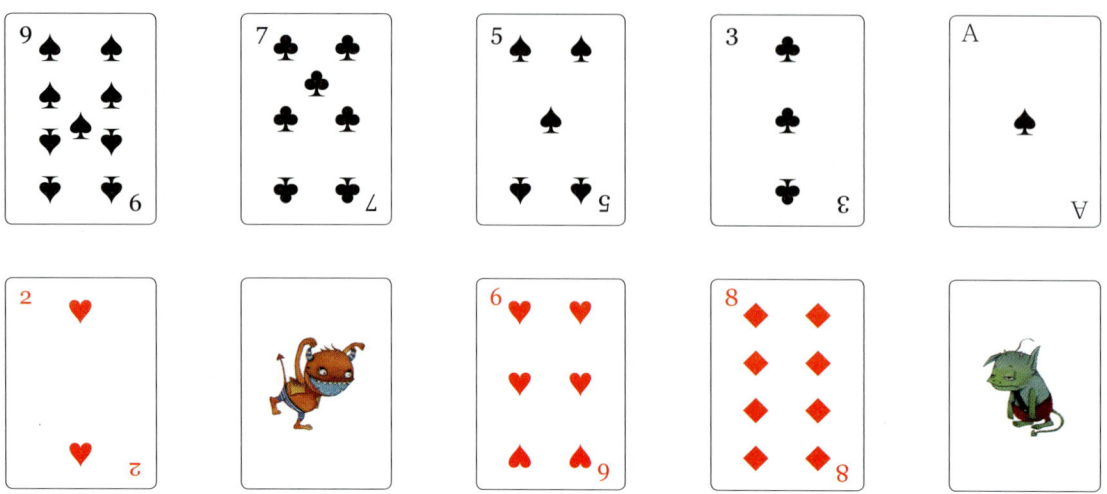

❶ 두 번째 가로줄에 놓인 카드의 수가 다음과 같습니다. 규칙을 찾아 ☐ 안에 알맞은 수를 써넣으시오.

❷ 규칙적으로 놓은 카드의 모양이 다음과 같습니다. ☐ 안에 알맞은 모양을 그려 넣으시오.

❸ 뒤집어 놓은 카드의 숫자와 모양을 ☐ 안에 각각 쓰시오.

 숫자: ☐   모양: ☐

 숫자: ☐   모양: ☐

[카드 찾기]

1 일정한 규칙에 따라 오른쪽과 같이 카드를 나열하였습니다. 다음 중 뒤집어진 두 장의 카드를 모두 골라 ◯표 하시오.

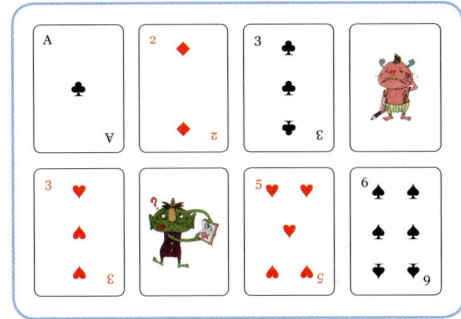

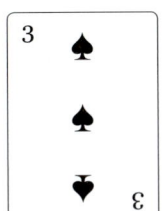   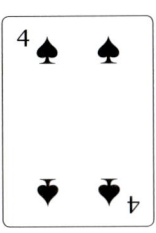

이것도 몰라!

숫자와 모양이 변하는 규칙을 찾고 있을까?

[같은 규칙]

2 보기 와 같은 규칙으로 놓여진 한 모둠의 카드가 있습니다. 뒤집어진 카드에 들어갈 알맞은 숫자와 모양을 구하시오.

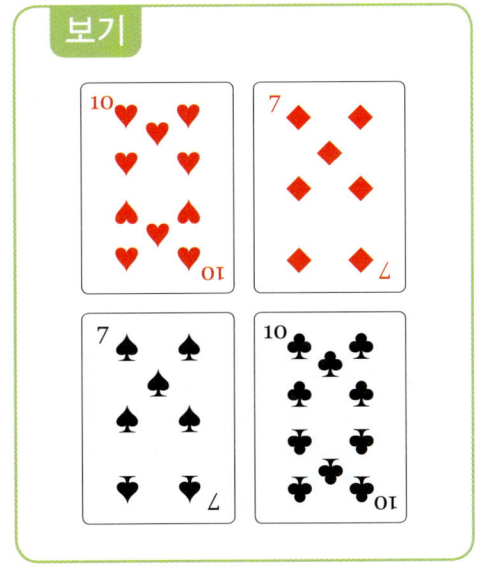

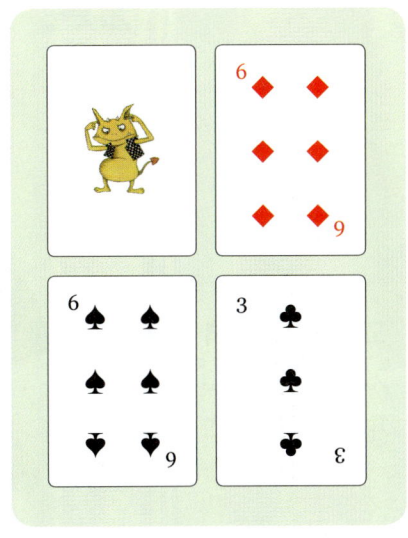

숫자: ◻ , 모양: ◻

3 관계 유비추론

지오네 반 학급 게시판에는 '우리 가족 사랑해요' 코너가 있습니다. 지오는 부모님의 결혼 사진을 게시판에 붙이면서 친구들에게 문제를 냈습니다.

특별 퀴즈!

나란히 서서 사진을 찍은 두 사람의 관계는 모두 같습니다.
별 스티커가 붙은 사람은 누구일까요?

별 스티커가 붙은 사람은 누구인지 쓰시오.

고모는 아빠의 여자 형제를 말해. 고모의 남편을 고모부라고 해.

초이

작은이모의 남편을 작은이모부라고 해.

지오

🕐 주어진 두 단어의 관계와 다른 하나를 고르시오.

나라 – 대한민국

㉠ 동물 – 고양이   ㉡ 책 – 잡지   ㉢ 음료수 – 커피
㉣ 과일 – 복숭아   ㉤ 세탁기 – 빨래

🕐 오른쪽 그림의 관계가 왼쪽 그림의 관계와 같을 때, 빈 곳에 올 그림을 한글로 써 보시오.

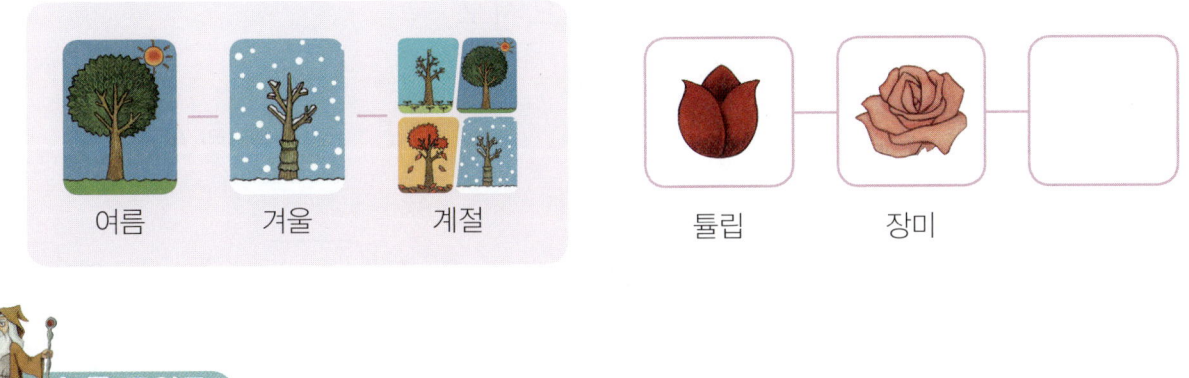

여름   겨울   계절   튤립   장미

노크 포인트

① 단어 유비추론

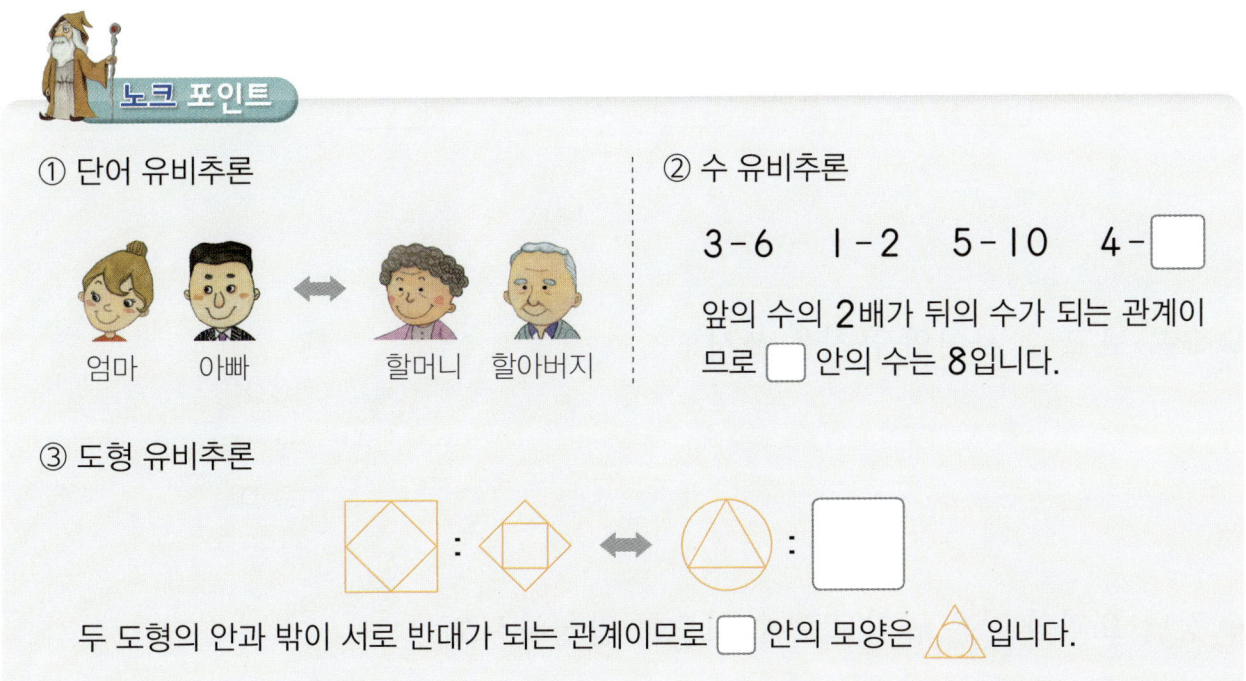

엄마   아빠   할머니   할아버지

② 수 유비추론

3 - 6   1 - 2   5 - 10   4 - ☐

앞의 수의 2배가 뒤의 수가 되는 관계이므로 ☐ 안의 수는 8입니다.

③ 도형 유비추론

두 도형의 안과 밖이 서로 반대가 되는 관계이므로 ☐ 안의 모양은 △ 입니다.

수들의 관계

장난 요괴가 수 사이의 관계가 모두 같도록 다음과 같이 수 카드를 놓았습니다.

㉠ 7 2 9   ㉡ 1 6 7

㉢ 5 5 0   ㉣ 4 8 2

규칙을 모르겠지?

장난 요괴가 카드를 놓은 규칙에 맞도록, 빈 곳에 알맞은 수를 알아봅시다.

6 7 ☐   3 ☐ 8   9 6 ☐

❶ 앞 두 수의 합 또는 차를 ☐ 안에 써넣으시오.

㉠ 7 2 9	㉡ 1 6 7	㉢ 5 5 0	㉣ 4 8 2

합	7 2 ☐	1 6 ☐	5 5 ☐	4 8 ☐
차	7 2 ☐	1 6 ☐	5 5 ☐	4 8 ☐

❷ ❶을 보고 수 사이의 규칙을 쓰시오.

❸ 장난 요괴와 같은 규칙으로 수 카드를 완성하시오.

1 규칙에 따라 ☐ 안에 알맞은 수를 써넣으시오.

①

1 — 3	2 — 6
3 — 9	4 — ☐

②

8 — 4	6 — 3
4 — 2	2 — ☐

[금고]

2 금고에 쓰여있는 수들은 가로로 보았을 때 일정한 규칙을 가지고 있습니다. 덧셈 또는 뺄셈을 사용하여 만든 규칙을 찾아 ⭐에 알맞은 수를 구하면 금고가 열립니다. 금고를 열어 보시오.

마법 나라의 금고는
열기 어렵지.

1	4	2	5
2	6	5	9
6	3	7	4
4	6	1	⭐

잘 생각해 봐!

두 수씩 짝을 지어 합 또
는 차를 구해 보렴.

 # 도형들의 관계

다음을 보고 '＊'를 사용하여 정한 규칙을 찾아 빈 곳에 알맞은 그림을 알아봅시다.

그림을 더한 것 같기는 한데 뺀 것도 있어.

❶ ㉠, ㉡의 첫 번째 도형 위에 두 번째 도형을 빨간색 색연필로 그려 보시오.

㉠

첫 번째 도형　　　세 번째 도형

㉡

첫 번째 도형　　　세 번째 도형

❷ ㉠, ㉡의 세 번째 도형과 ❶에서 그린 도형을 비교하였을 때, 없어져야 하는 선의 공통점은 무엇입니까?

❸ ▢ 안에 알맞은 모양을 그리시오.

1 ㉠과 ㉡의 관계와 ㉢과 ㉣의 관계는 같습니다. 빈칸에 알맞은 도형을 그리시오.

㉠	㉡	㉢	㉣

㉠	㉡	㉢	㉣

[도형의 덧셈과 뺄셈]

2 다음을 보고 규칙을 찾아 마지막 그림을 완성해 보시오.

창의적 문제해결력

1 빈 곳에 들어갈 그림을 위에서부터 순서대로 나열한 것을 고르시오.

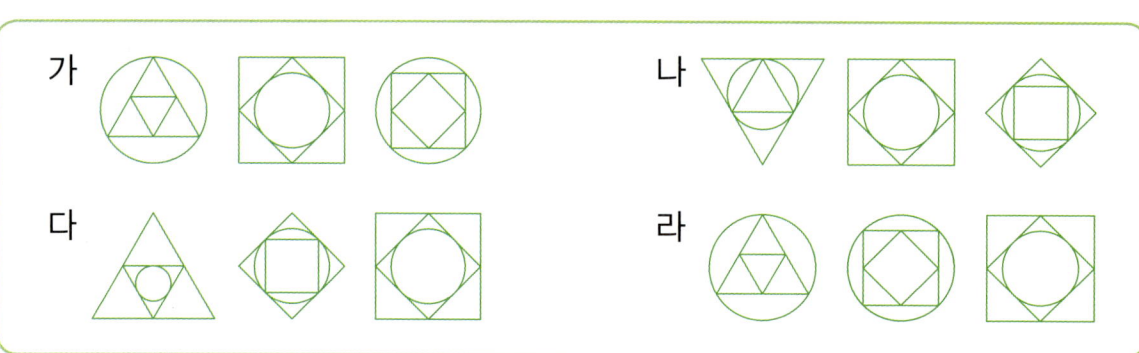

2 다음 규칙을 찾아 마지막 모양을 완성하시오.

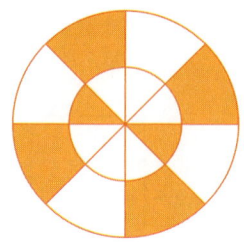 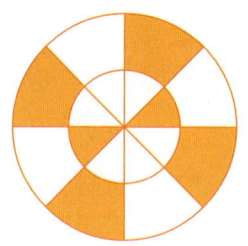 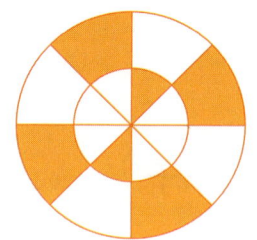 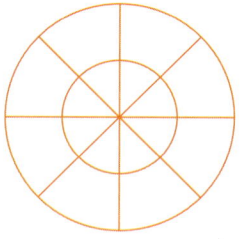

3 카드를 놓은 규칙을 찾아, 뒤집어진 카드에 알맞은 것을 고르시오.

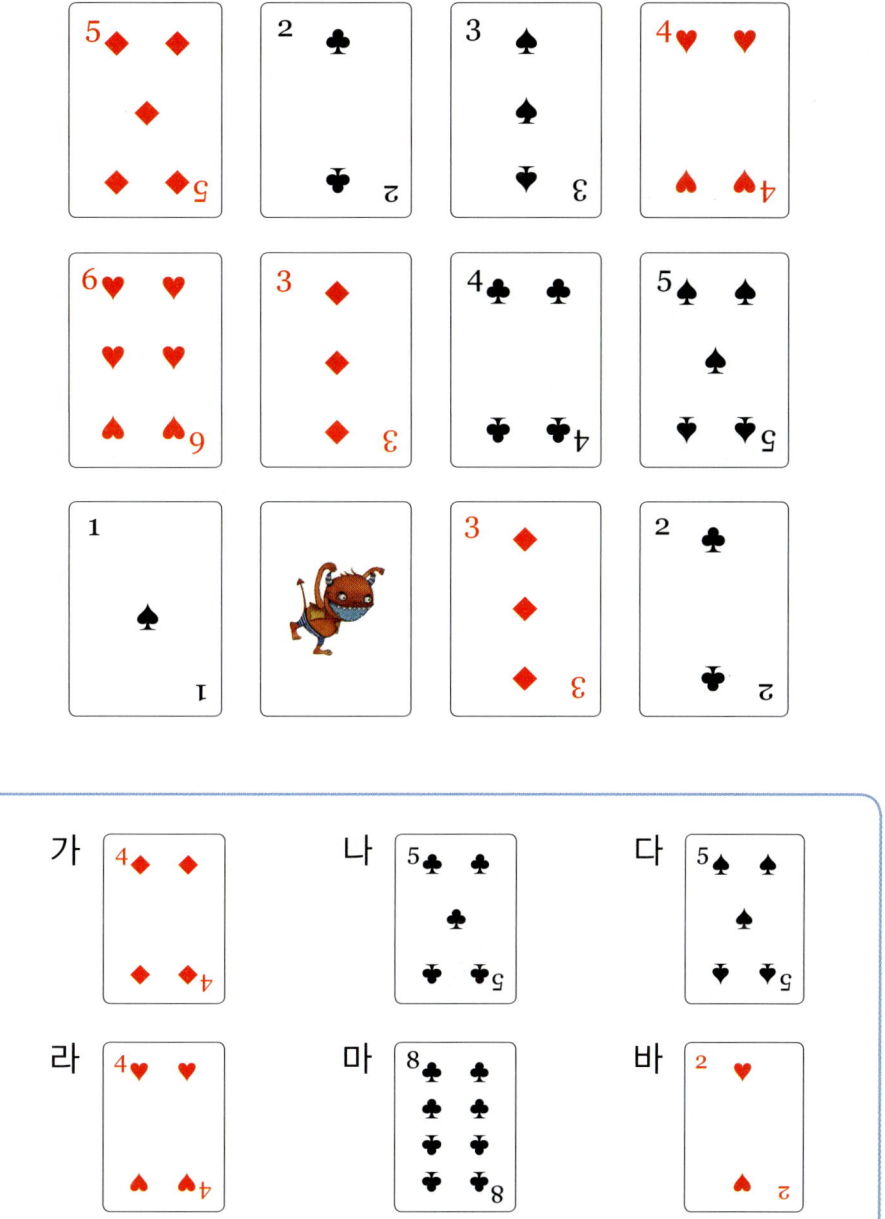

Chapter 2

패턴

여러 가지 패턴

지오는 일정한 규칙에 따라 캔을 쌓고 있습니다. 지오는 한 층이 완성될 때마다 시계의 초바늘을 확인하여 나타내었습니다.

높이높이 쌓을 거야.

지오

규칙에 따라 4층까지 쌓으려고 할 때, 지오에게 더 필요한 캔은 몇 개입니까?

4층까지 완성했을 때 시계의 초바늘을 그려 넣으시오.

위와 같은 규칙으로 캔 15개를 모두 쌓았습니다. 모양이 완성되었을 때 시계의 초바늘을 그려 넣으시오.

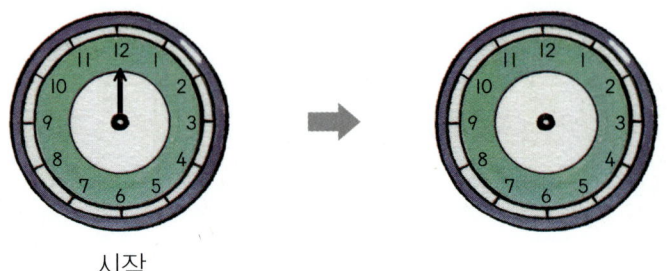

시작

⑧ 규칙을 찾아 빈 곳에 알맞은 그림을 그리시오.

노크 포인트

패턴의 종류에는 마디패턴, 증가패턴, 회전패턴이 있습니다.

① 마디패턴: 일정한 마디가 규칙적으로 반복됩니다.

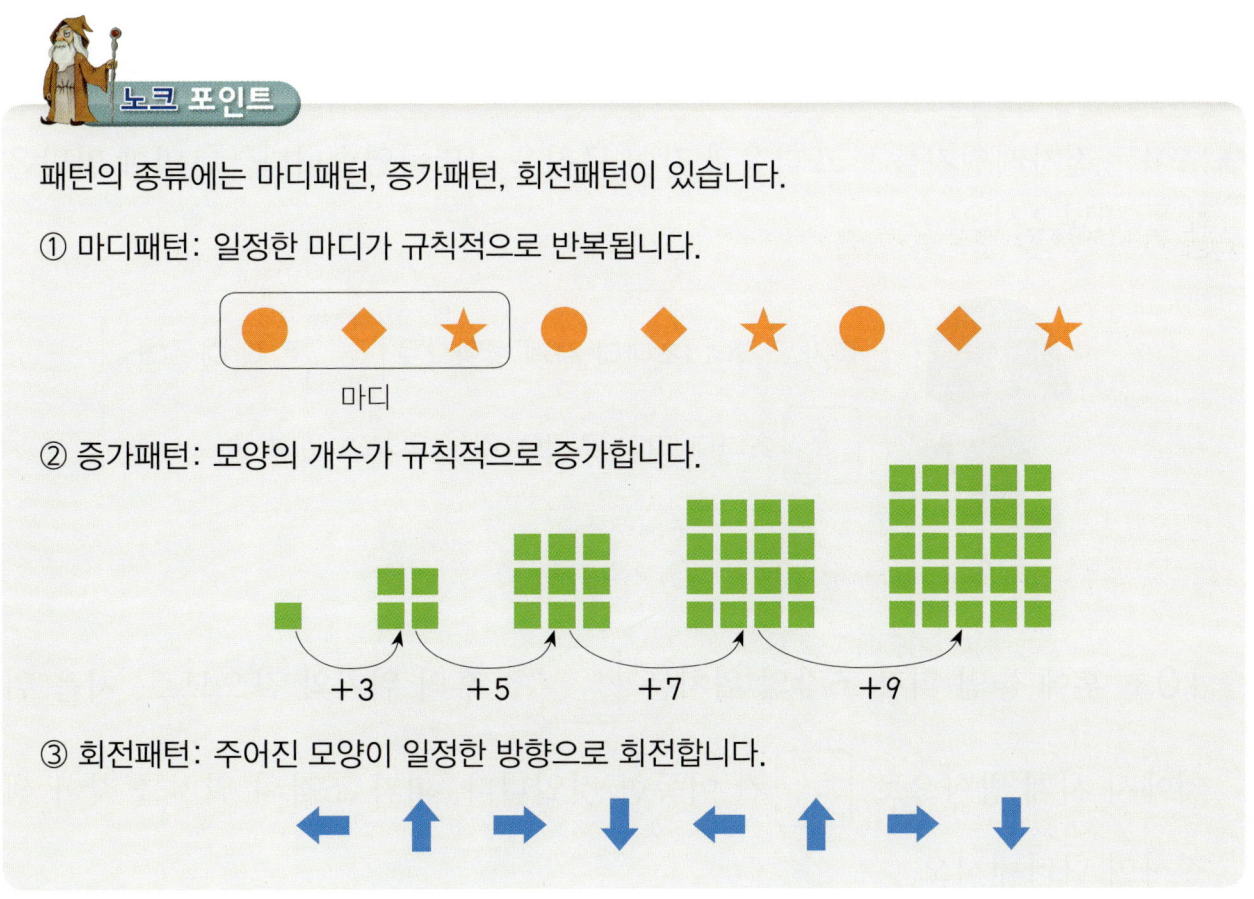

마디

② 증가패턴: 모양의 개수가 규칙적으로 증가합니다.

③ 회전패턴: 주어진 모양이 일정한 방향으로 회전합니다.

 # 돌아가는 패턴

전자레인지는 안에 있는 접시를 일정한 빠르기로 돌리며 음식을 데웁니다.

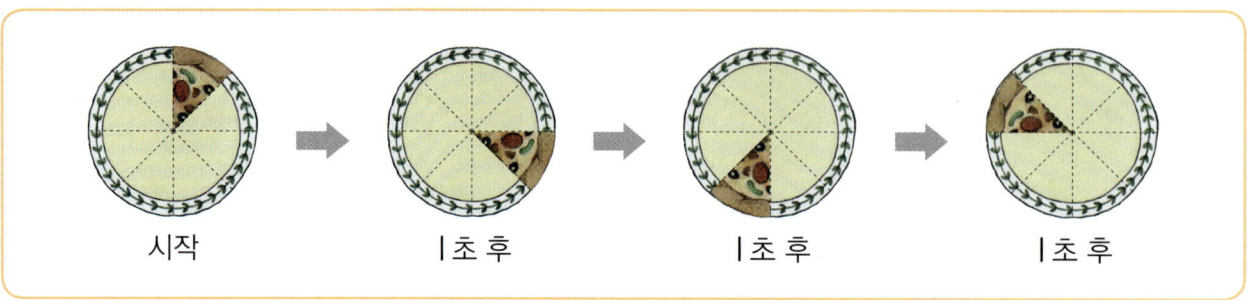

| 시작 | I초 후 | I초 후 | I초 후 |

초이가 전자레인지에 넣은 피자 조각의 위치가 다음과 같을 때, I0초 후에 꺼낸 접시 위의 피자의 위치를 알아봅시다.

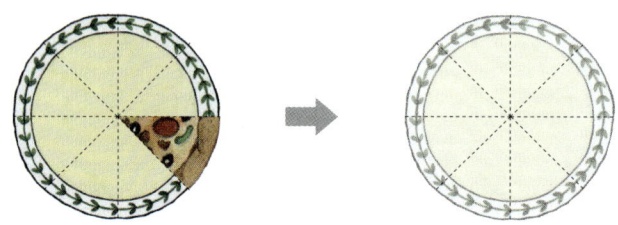

❶ 초이는 전자레인지를 보고 다음과 같이 규칙을 설명하였습니다. ⬜ 안에 알맞은 수를 써넣으시오.

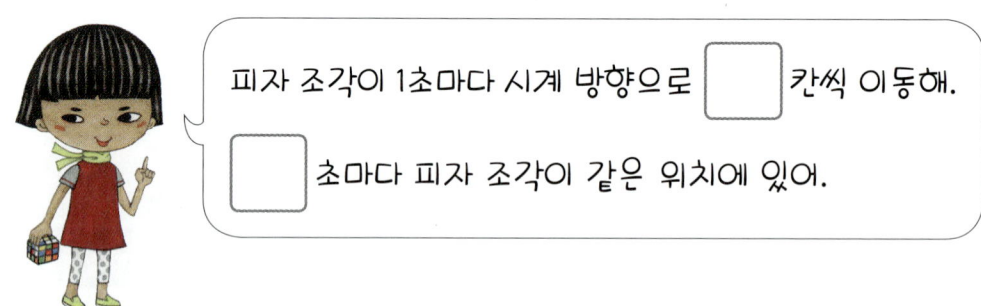

피자 조각이 1초마다 시계 방향으로 ⬜ 칸씩 이동해.

⬜ 초마다 피자 조각이 같은 위치에 있어.

❷ I0초 후에 놓인 피자 조각의 위치는 ⬜ 초 후의 위치와 같으므로, 처음 위치에서 시계 방향으로 ⬜ 칸 이동한 것입니다. 피자 조각의 위치를 찾아 색칠하여 나타내시오.

[점 찍기]

1 규칙을 찾아 마지막 모양에 ●를 그려 보시오.

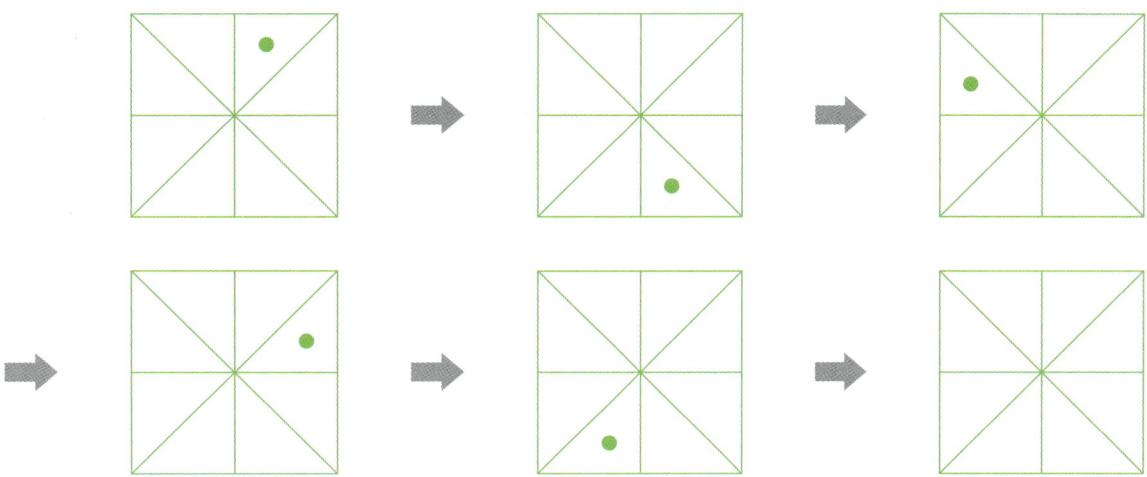

[수 쓰기]

2 규칙을 찾아 빈 곳에 알맞은 수를 써넣으시오.

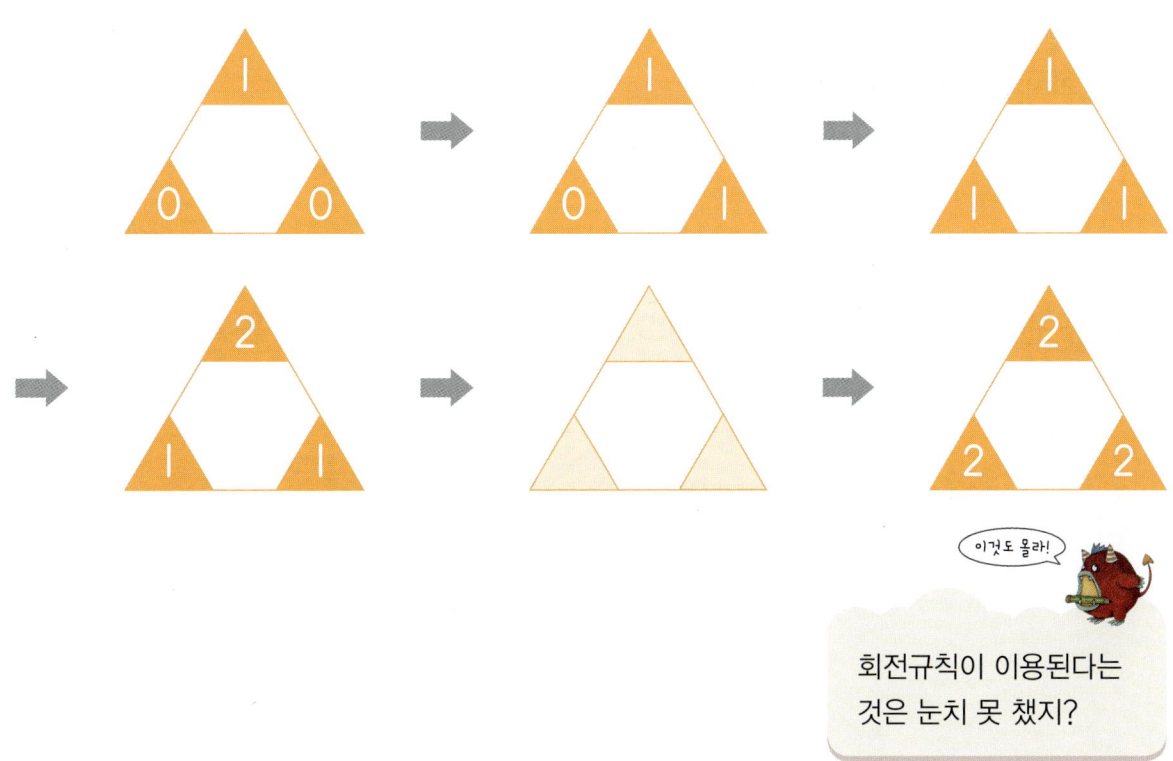

이것도 몰라!

회전규칙이 이용된다는
것은 눈치 못 챘지?

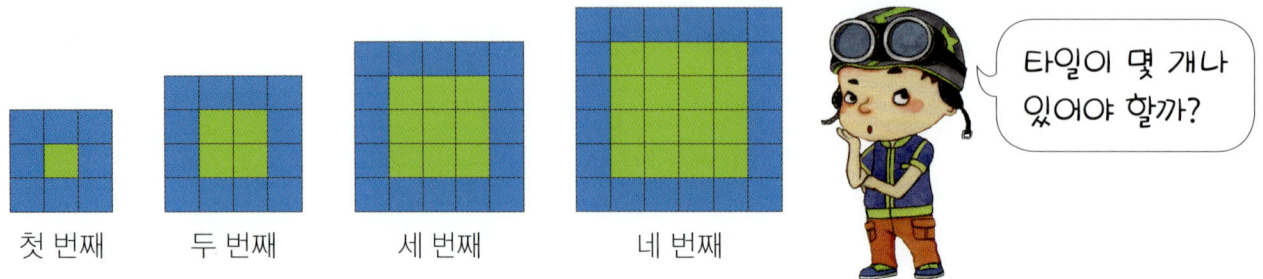

늘어나는 패턴

태경이는 일정한 규칙에 따라 다음과 같이 타일을 놓았습니다. 태경이가 일곱 번째 모양을 완성하는 데 필요한 각 타일의 개수를 알아봅시다.

첫 번째　두 번째　세 번째　네 번째

타일이 몇 개나 있어야 할까?

❶ 위의 그림을 보고 초록색 타일의 개수와 파란색 타일의 개수를 수와 식으로 표에 나타내어 보시오.

순서	첫 번째	두 번째	세 번째	네 번째
초록색 타일	1			
	1×1	2×2		
파란색 타일	8			
	2×4	3×4		

❷ 일곱 번째 모양을 만드는 데 필요한 각 타일의 개수를 다음 식을 이용하여 구하시오.

초록색 타일: ☐ × ☐ = ☐ (개)

파란색 타일: ☐ × ☐ = ☐ (개)

1 다음과 같은 규칙으로 동전을 놓으려고 합니다. 여덟 번째 동전의 개수는 모두 몇 개인지 구하시오.

첫 번째   두 번째   세 번째   네 번째

[피자 자르기]

2 다음과 같은 규칙으로 피자를 나누려고 합니다. 네 번째 피자의 조각 수를 구하시오.

첫 번째   두 번째   세 번째   네 번째

잘 생각해 봐!

피자의 조각 수를 적어 보렴. 조각 수가 많아지는 규칙이 보이지?

2, 4, 8, ☐

이중패턴

태경이는 아인이네 집 책꽂이에 있던 책 **2**권을 뽑아서 보고 있었습니다. 아인이 는 태경이가 보고 있는 책이 어떤 종류의 책인지 보지 않고도 알 수 있다고 합니다.

책을 보지 않아도 어떤 책을 보고 있는지 아는 방법이 있지~

아인

설마 책이 어디 꽂혀 있는지 다 외우고 있 는 건 아니겠지?

태경

왼쪽부터 책의 종류를 권 수에 상관없이 종류별로 써 보시오.

| 동화책 | — | 그림책 | — | 만화책 | — | 동화책 | — | | — | |

왼쪽부터 책의 종류별로 몇 권씩 있는지 순서대로 써 보시오.

 —  —

| 1 | 2 | 1 | 2 | | |

태경이가 뽑은 책의 종류를 왼쪽부터 차례로 쓰시오.

 에 알맞은 옷을 골라 ◯표 하시오.

규칙에 따라 ▨ 안에 알맞은 모양을 그려 넣으시오.

개수 규칙과 모양 규칙을 모두 생각해야 해.

노크 포인트

두 종류의 패턴이 동시에 나타나는 것을 이중패턴이라고 합니다.

① •의 개수가 증가하는 증가패턴 　　② •의 위치가 회전하는 회전패턴

증가 회전 규칙

1부터 8까지 수가 적힌 두더지가 다음과 같이 일정한 규칙에 따라 나옵니다. 다섯 번째 나오는 두더지에 적힌 수의 합을 알아봅시다.

첫 번째   두 번째   세 번째

❶ 네 번째와 다섯 번째에 나오는 두더지는 각각 몇 마리입니까?

❷ 네 번째와 다섯 번째에 두더지가 나올 구멍을 찾아 모두 색칠하시오.

네 번째   다섯 번째

❸ 다음 식을 완성하여 다섯 번째 나올 두더지에 적힌 수의 합을 구하시오.

$$\Box + \Box + \Box + \Box + \Box = \Box$$

1 규칙을 찾아 다섯 번째 모양을 완성하시오.

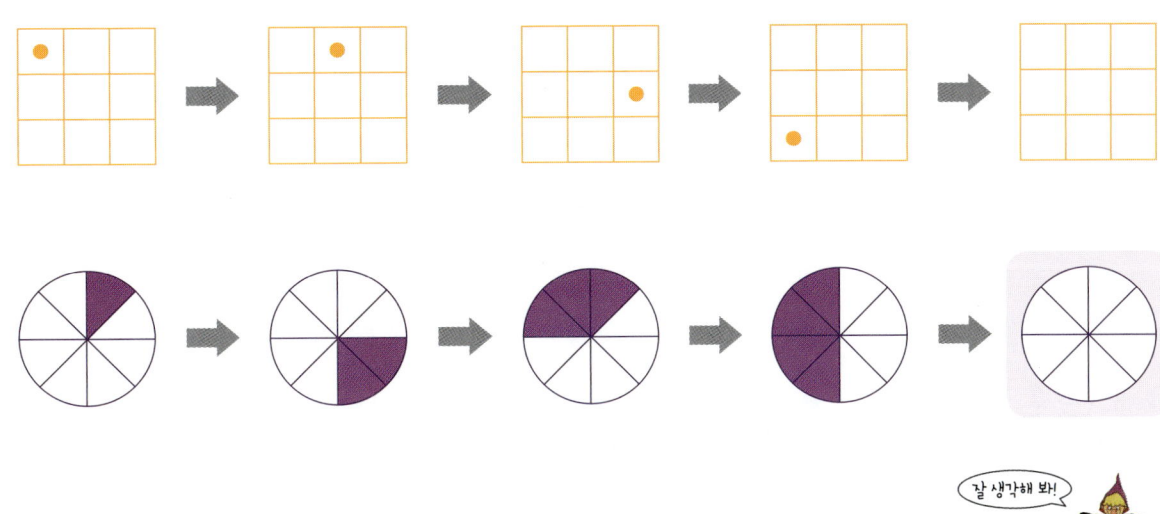

> 잘 생각해 봐!
>
> 회전패턴과 증가패턴을 동시에 볼 수 있는 이중패턴이란다. 회전 방향과 증가하는 규칙을 모두 찾아보렴.

[회전하며 커지는 수]

2 규칙을 찾아 빈 곳에 알맞은 수를 써넣으시오.

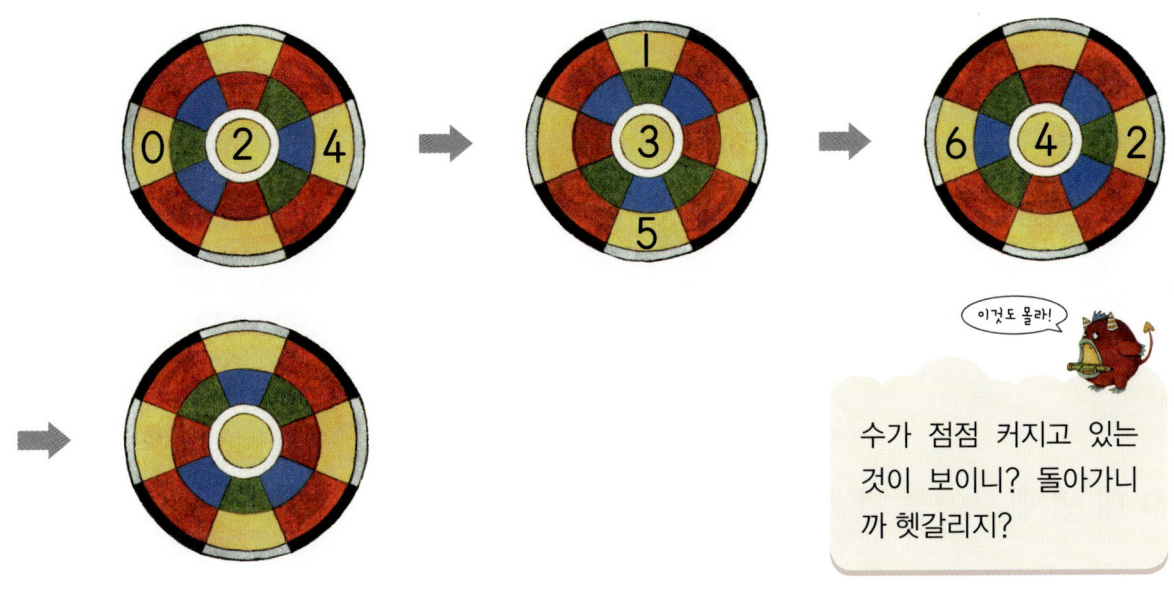

> 이것도 몰라!
>
> 수가 점점 커지고 있는 것이 보이니? 돌아가니까 헷갈리지?

이중 회전 규칙

다음 패턴은 이중으로 회전하는 규칙을 사용하여 만든 것입니다. 네 번째에 올 모양을 알아봅시다.

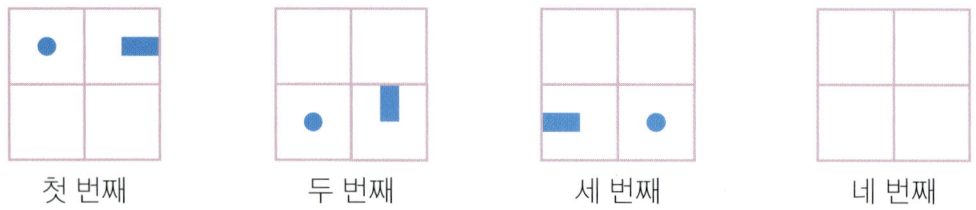

| 첫 번째 | 두 번째 | 세 번째 | 네 번째 |

❶ 오른쪽 그림을 보고 ●가 칸을 이동하는 규칙을 설명하시오.

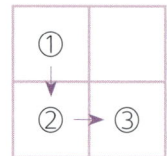

❷ 오른쪽 그림을 보고 ▬가 칸을 이동하는 규칙을 설명하시오.

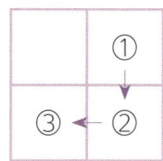

❸ 작은 ☐ 안에서 ▬가 다음과 같이 일정한 방향으로 회전하고 있습니다. 네 번째에 올 모양을 그려 보시오.

첫 번째　　두 번째　　세 번째　　네 번째

❹ 네 번째 모양을 완성하시오.

1 아인이와 초이가 다음과 같은 6인용 식탁에 일정한 규칙에 따라 매일 자리를 바꾸어 가며 앉기로 하였습니다. 10일째 되는 날 아인이와 초이가 앉게 되는 자리를 찾아 이름을 쓰시오.

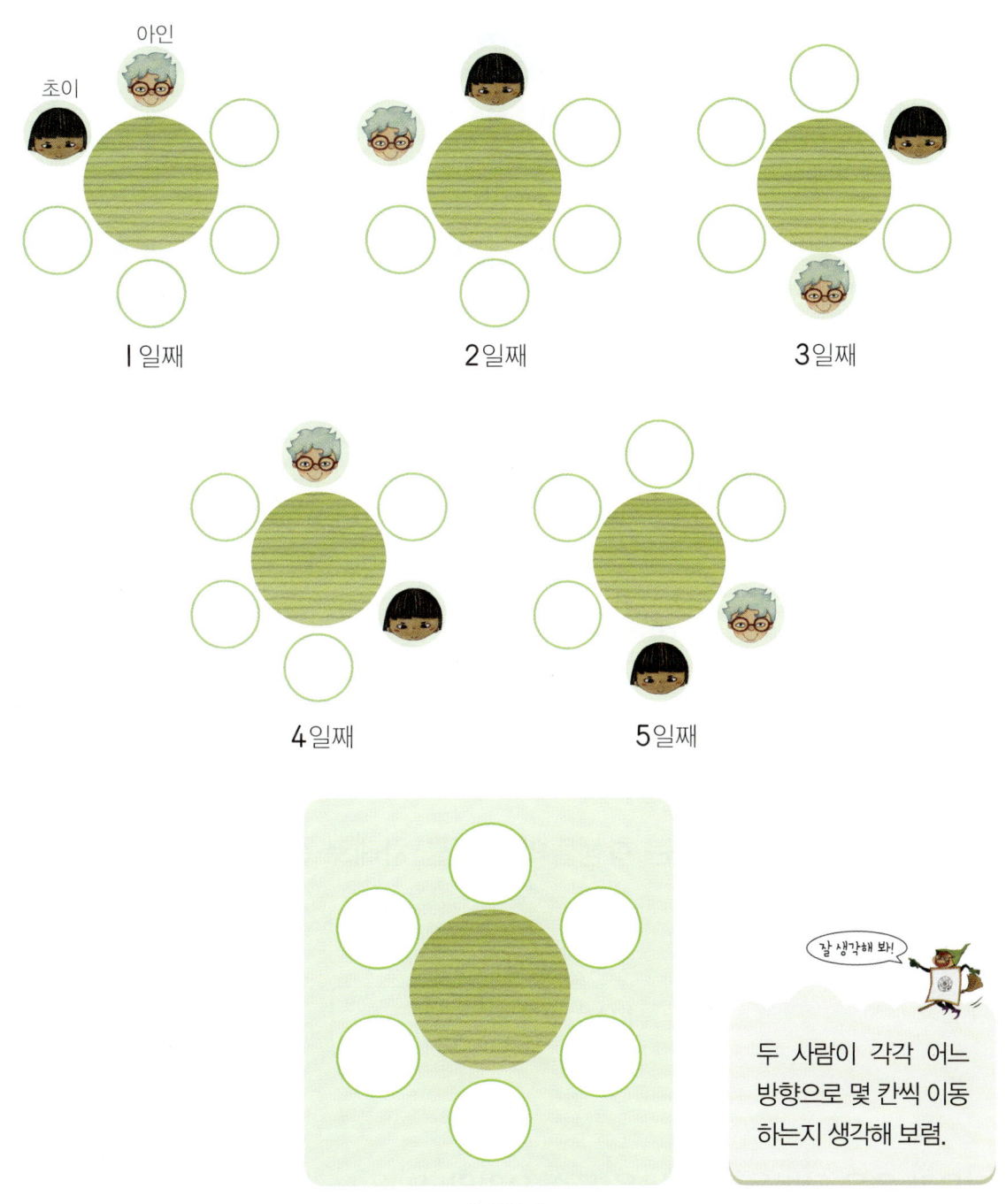

1일째   2일째   3일째

4일째   5일째

10일째

잘 생각해 봐!

두 사람이 각각 어느 방향으로 몇 칸씩 이동하는지 생각해 보렴.

6 몇 번째

지오네 반에는 친구들에게 우유를 나누어주는 우유 당번이 있습니다. 우유 당번은 첫 번째 주 월요일부터 시작하여 매일 한 명씩 번호 순서대로 당번을 합니다.

금요일에 우유 당번을 하는 학생들의 번호를 차례로 쓴 것입니다. ☐ 안에 알맞은 수를 쓰시오.

5,   10,   15,   ☐ ,   ☐

지오가 우유 당번을 하는 날은 무슨 요일입니까?

다음 규칙을 찾아 열 번째에 올 모양을 나타내시오.

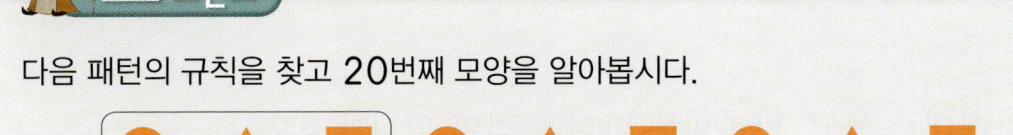

다음 패턴의 규칙을 찾고 **20번째** 모양을 알아봅시다.

① 세 가지 모양이 하나의 마디를 이루는 마디패턴입니다.

② **18번째까지 마디가 6번 반복**됩니다.

(마디)×6=(18개의 모양)

③ **20번째까지 마디가 6번 반복되고 2개의 모양이 더 있으므로 20번째 모양은 마디의 두 번째 모양인 ▲입니다.**

 # 증가 마디패턴

지오는 다음과 같은 규칙으로 꽃을 꽃병에 꽂고 있습니다. 14번째 꽃병의 색깔과 꽃의 수를 알아봅시다.

첫 번째 두 번째 세 번째 네 번째 다섯 번째 여섯 번째 일곱 번째 여덟 번째

❶ 꽃병의 색깔을 보고, 반복되는 마디를 쓰시오.

노란색, 파란색, [   ], [   ]

❷ 꽃병은 4개씩 한 마디를 이룹니다. 14번째 꽃병의 색깔을 쓰시오.

갈 생각해 봐!

4×3=12이므로 마디가 3번 반복되고 나서 13번째부터 새로운 마디가 시작되는 거란다.

❸ 꽃의 수를 차례대로 쓰고, 반복되는 마디를 찾아 나타내시오.

1 3 [   ] [   ] [   ] [   ] [   ] [   ]

❹ 14번째 꽃병에 꽂힌 꽃은 몇 송이인지 쓰시오.

[접시와 사과]

1 다음과 같은 규칙으로 사과가 놓여있습니다. 17번째 접시의 색깔과 사과의 개수를 각각 구하시오.

첫 번째   두 번째   세 번째   네 번째   다섯 번째   여섯 번째

이것도 몰라!

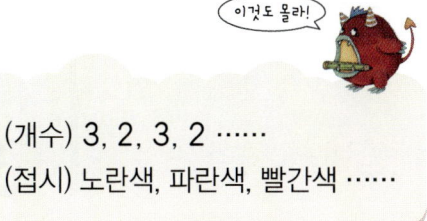

(개수) 3, 2, 3, 2 ······
(접시) 노란색, 파란색, 빨간색 ······

[25번째 로봇]

2 다음과 같이 로봇 그림을 그릴 때 25번째 로봇을 그려 보시오.

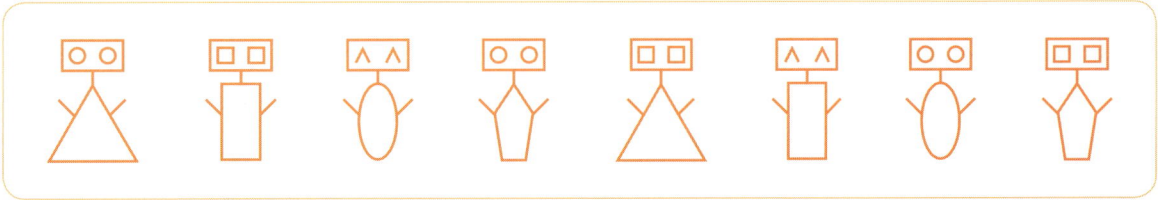

잘 생각해 봐!

로봇의 눈과 몸을 따로 생각해서 반복되는 마디를 찾아야 해.

회전 마디패턴

수학 요정이 다음과 같은 패턴을 만들었습니다. 요정의 마법에 의해 공은 계속 회전하고, 수는 점점 커집니다. 38번째에 올 모양을 찾아 알맞은 수를 쓰시오.

내가 만든 패턴의 규칙을 찾아봐.

❶ 위의 패턴에서 공의 모양을 보고 반복되는 마디를 찾아 ⬭로 묶으시오.

❷ 공 안의 수가 변하는 규칙을 쓰시오.

❸ 위 ▢ 안의 모양 중 알맞은 것을 찾아 **38**번째 모양을 완성하시오.

1 다음 패턴의 30번째 모양을 완성하시오.

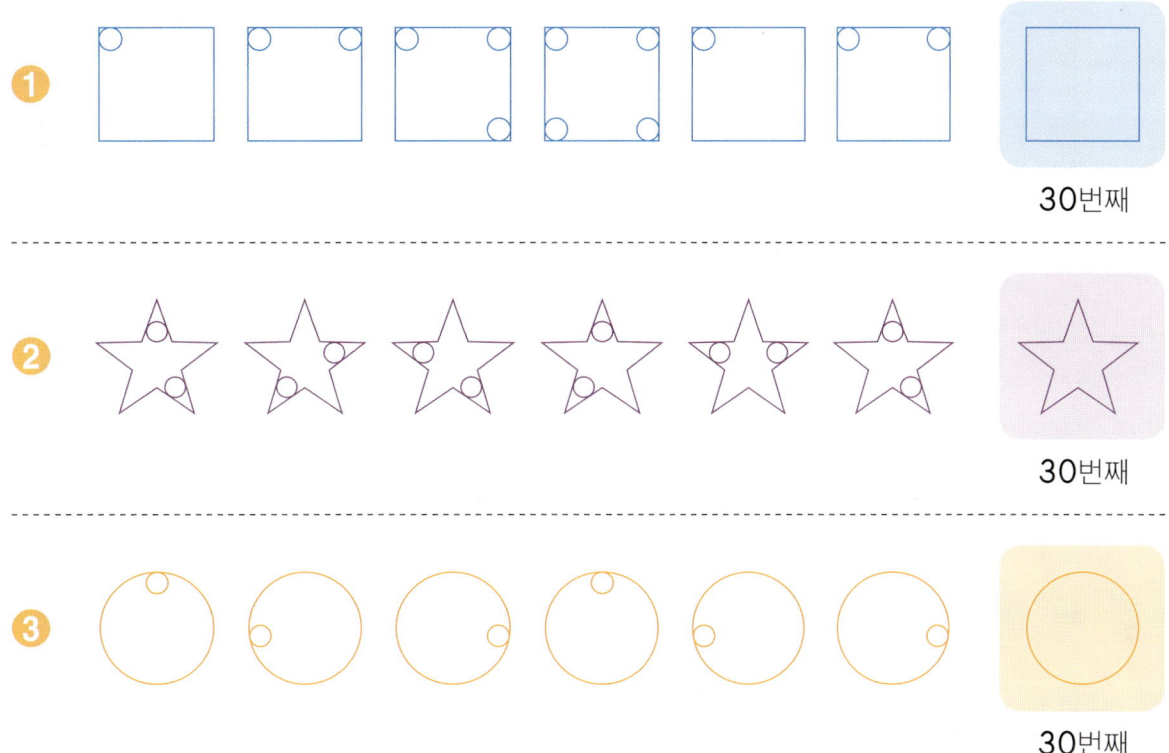

① 30번째

② 30번째

③ 30번째

[외계인의 눈]

2 마법의 나라에 놀러온 외계인이 눈동자를 일정한 규칙에 따라 돌리고 있습니다.
22번째 외계인의 눈을 그려 보시오.

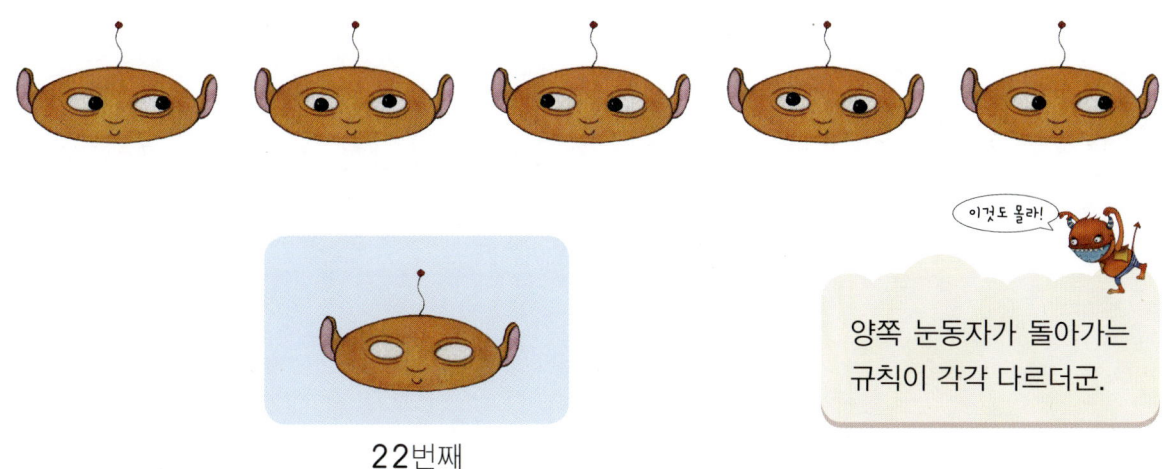

22번째

이것도 몰라!

양쪽 눈동자가 돌아가는
규칙이 각각 다르더군.

창의적 문제해결력

1 규칙을 찾아 네 번째 모양을 알맞게 색칠하시오.

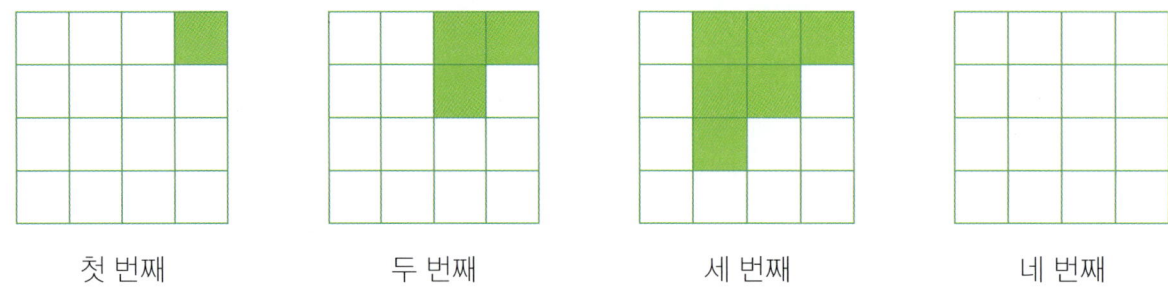

첫 번째   두 번째   세 번째   네 번째

2 태경이는 다음과 같은 규칙에 따라 다트판을 맞히고 있습니다. 태경이가 다트를 모두 10번 던졌다고 할 때, 마지막에 맞힌 다트판의 점수를 구하시오.

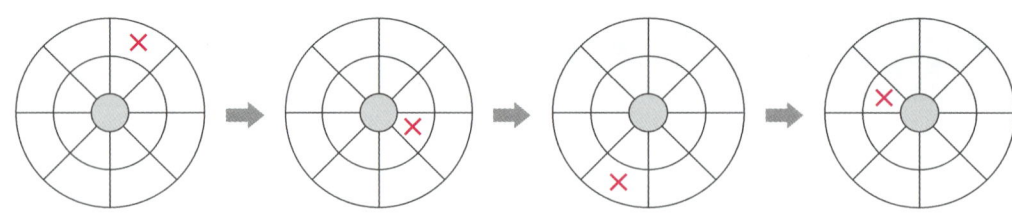

3 규칙을 찾아 여섯 번째 모양을 완성하여 보시오.

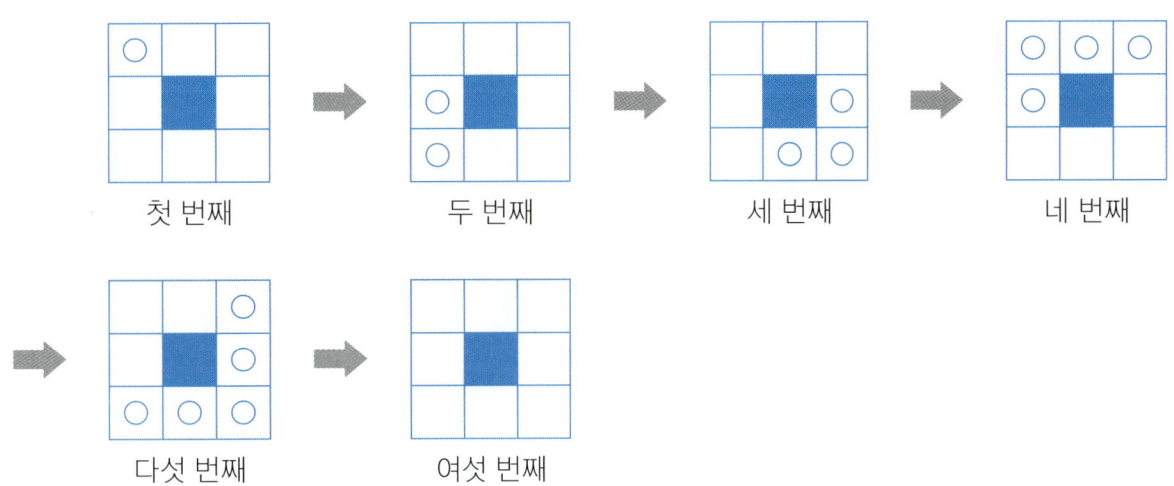

4 규칙에 맞게 ▢ 안에 20번째 모양을 그려 보시오.

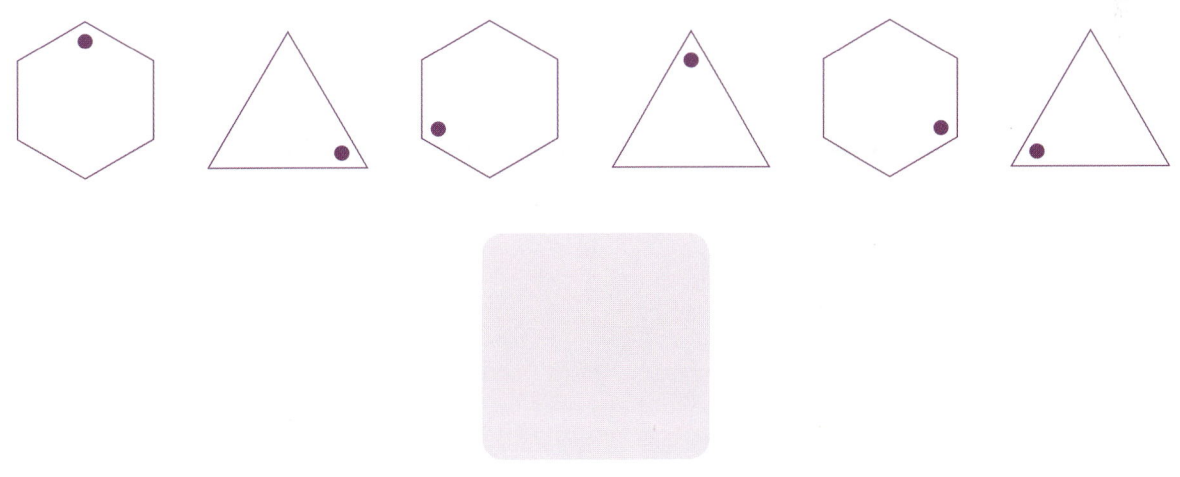

20번째

Chapter 3

규칙 찾기

7 숫자 암호

어느 날 오후 태경이는 아인이에게 문자 메시지를 받았습니다. 태경이의 휴대 전화를 본 어머니는 아인이가 보낸 문자 메시지의 뜻이 궁금했습니다.

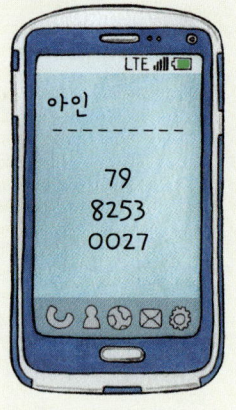

어머니

칠구
팔이오삼
공공이칠
'친구 빨리 오삼'까지는 알겠는데
'공공이칠'은 무슨 뜻일까?

아인이와 함께 방과 후 학습을 하는 태경이는 처음에는 모르는 척했지만, 결국 무슨 뜻인지 말씀드리고 말았습니다.

태경

앞부분은 어머니 생각이 맞아요. 0027
은 "땡땡이칠까?"하고 물어본 거예요.

방과 후 학습이 끝나고 운동장에서 놀고 있는 태경이는 어머니께서 보내신 문자 메시지를 받았습니다. 어머니께서 보내신 문자 메시지는 무슨 뜻일까요?

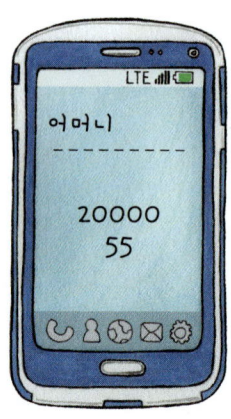

다음 숫자 암호의 의미를 아래에서 찾아 □ 안에 알맞은 기호를 써넣으시오.

㉠	㉡	㉢	㉣
친한 사이	많이	열렬히 사모해	일찍 오세요

7142: □   1010235: □

17535: □   10002: □

노크 포인트

① 수를 읽는 발음과 비슷한 말을 암호로 정하여 사용할 수 있습니다.

　　79: 친구　　　　　　　　　　337337: 응원해(337박수)

② 글자의 순서나 휴대 전화의 자판을 이용하여 암호를 만들 수도 있습니다.

ㄱ	ㄴ	ㄷ	ㄹ	ㅁ	ㅂ	ㅅ	ㅇ	ㅈ	ㅊ	ㅋ	ㅌ	ㅍ	ㅎ
1	2	3	4	5	6	7	8	9	10	11	12	13	14
ㅏ	ㅑ	ㅓ	ㅕ	ㅗ	ㅛ	ㅜ	ㅠ	ㅡ	ㅣ				
①	②	③	④	⑤	⑥	⑦	⑧	⑨	⑩				

　　7⑦6①1 수박　　　　1⑤8 공　　　　10⑩21⑦ 친구

 # 전화 암호

휴대 전화의 자판을 누르면 글자를 나타낼 수 있습니다. 아래의 자판을 다음과 같이 눌렀을 때 화면에 나타난 글자입니다.

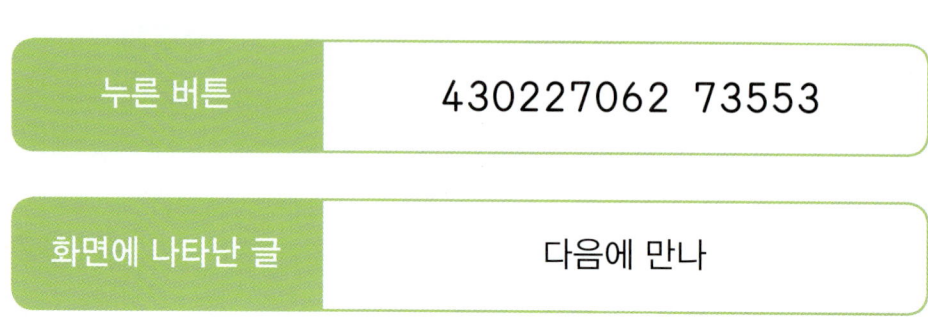

누른 버튼	430227062 73553
화면에 나타난 글	다음에 만나

① '음'을 쓸 때 눌러야 하는 버튼을 차례로 쓰시오.

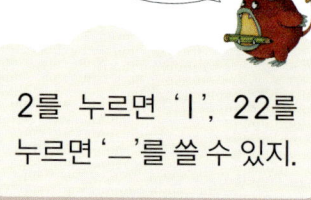

이것도 몰라!

2를 누르면 'ㅣ', 22를 누르면 'ㅡ'를 쓸 수 있지.

② ㅣ을 연속하여 세 번 누르면 'ㄲ'가 나옵니다. 8을 연속하여 세 번 누르면 어떤 글자가 나올까요?

③ 다음 글을 나타내기 위해서 눌러야 하는 버튼을 차례로 쓰시오.

우리 가족: _____

빨리 와: _____

[수와 기호]

1 다음 표를 보고, 수와 기호로 나타낸 단어를 한글로 써 보시오.

ㄱ	ㄴ	ㄷ	ㄹ	ㅁ	ㅂ	ㅅ	ㅇ	ㅈ	ㅊ	ㅋ	ㅌ	ㅍ	ㅎ
I	2	3	4	5	6	7	8	9	I0	II	I2	I3	I4

ㅏ	ㅑ	ㅓ	ㅕ	ㅗ	ㅛ	ㅜ	ㅠ	ㅡ	ㅣ				
①	②	③	④	⑤	⑥	⑦	⑧	⑨	⑩				

5 ① 8 I ⑤

7 ⑦ I4 ① I

[답장]

2 다음은 초이가 지오에게 문자를 보낼 때 누른 버튼의 순서입니다. 지오의 답장 문자의 내용으로 알맞은 것을 고르시오.

02161 412535
9320010122?

㉠ 지금은 여섯 시야.
㉡ 너무 배불러.
㉢ 어머니가 말씀하셨어.
㉣ 날씨가 너무 추워.
㉤ 집에 가고 있어.

이것도 몰라!

21은 'ㅓ', I22는 'ㅑ'라는 건 알까?

영어 암호

영어 단어를 암호로 나타낸 것을 보고, 주어진 암호를 해독하여 봅시다.

MAN: 14-2-15
(사람)

ZEBRA: 27-6-3-19-2
(얼룩말)

암호	10 13-10-12-6 2-17-17-13-6

❶ 위의 암호로 나타낸 영어 단어를 보고 M은 14, A는 2인 것을 알 수 있습니다. 각 알파벳이 나타내는 수를 찾아 다음 표를 완성하시오.

알파벳	A	B	C	D	E	F	G	H	I	J	K	L	M
숫자	2	3			6								14
알파벳	N	O	P	Q	R	S	T	U	V	W	X	Y	Z
숫자	15				19								27

❷ 동물원을 뜻하는 영어 단어인 ZOO를 암호로 나타내어 보시오.

❸ 암호를 해독하여 영어로 나타내시오.

잘 생각해 봐!

각 수가 나타내는 알파벳을 차례로 적어 보렴.

[암호 해독]

1 주어진 표를 이용하여 암호를 해독하거나 만들어 보시오.

알파벳	A	B	C	D	E	F	G	H	I	J	K	L	M
숫자	1	2	3	4	5	6	7	8	9	10	11	12	13
알파벳	N	O	P	Q	R	S	T	U	V	W	X	Y	Z
숫자	14	15	16	17	18	19	20	21	22	23	24	25	26

8 - 15 - 16 - 5

2 - 1 - 14 - 1 - 14 - 1

SEOUL

[영어, 한글]

2 아인이는 잘못하여 한글 대신 영어로 컴퓨터에 입력을 하였습니다. 다음 버튼을 보고 아인이가 처음 입력하려고 했던 말은 무엇인지 쓰시오.

VLWK GKS WHRKR

 **8** **여러 가지 약속**

컴퓨터는 선택하여 실행시키는 명령을 다음과 같이 그림단추로 만들어 놓았습니다. 그림단추를 영어로 아이콘(Icon)이라고 합니다.

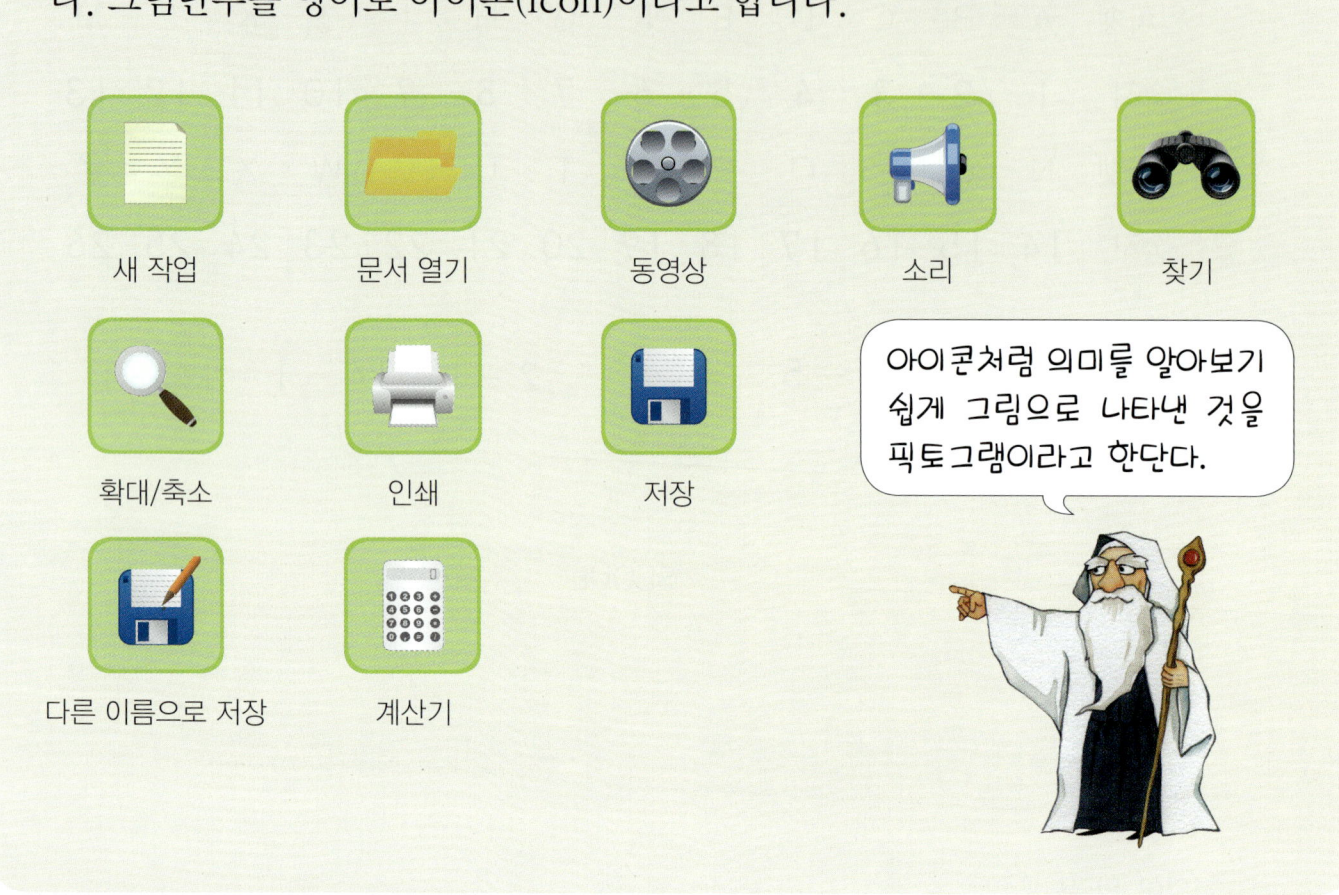

| 새 작업 | 문서 열기 | 동영상 | 소리 | 찾기 |

| 확대/축소 | 인쇄 | 저장 |

아이콘처럼 의미를 알아보기 쉽게 그림으로 나타낸 것을 픽토그램이라고 한단다.

| 다른 이름으로 저장 | 계산기 |

교통 표지판은 컴퓨터의 아이콘처럼 그림으로 의미를 전달할 수 있습니다. 다음은 무엇을 나타내는 표지판인지 쓰시오.

다음 그림이 나타내는 약속의 의미를 찾아 선으로 이으시오.

 ·

· 사진 촬영이 금지되어 있음을 알려주는 표지판

 ·

· 음식물 반입이 금지되어 있음을 알려주는 표지판

 ·

· 화장실의 위치를 알려주는 표지판

 ·

· 횡단보도가 있음을 알려주는 표지판

 ·

· 과속 방지턱이 있음을 알려주는 표지판

 노크 포인트

아주 옛날 사람들이 의미를 전달하기 위해 그린 그림을 그림문자라고 합니다. 그림문자는 글자를 만드는 기초가 되어 한자와 같이 사물을 흉내낸 글자로 발전하게 됩니다.

이와 같이 그림은 사물이나 의미를 나타낼 수 있습니다.

그림으로 여러 가지 약속을 나타낼 수도 있습니다.

    두 도형이 겹치는 곳에 두 수의 합을 씁니다.

약속에 맞게 그리기

A, B, C, D, E, F는 음표의 모양(♪, ♫), 개수(2개, 3개), 샵(♯)과 플랫(♭)의 조건 중 하나를 나타냅니다.

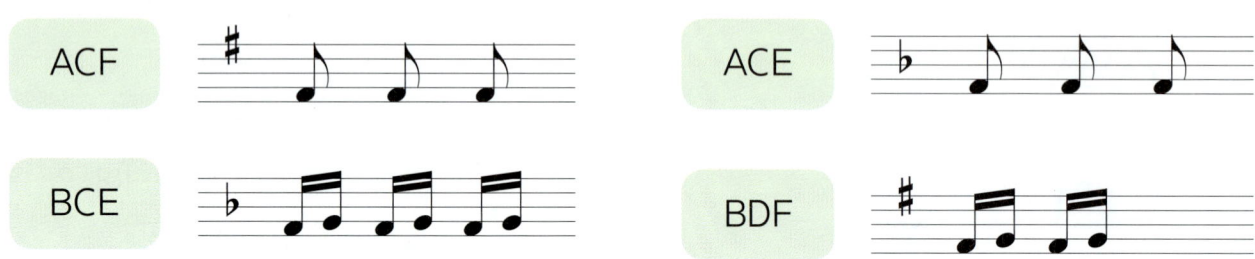

❶ A, B, C, D, E, F가 의미하는 약속을 찾아 선으로 이으시오.

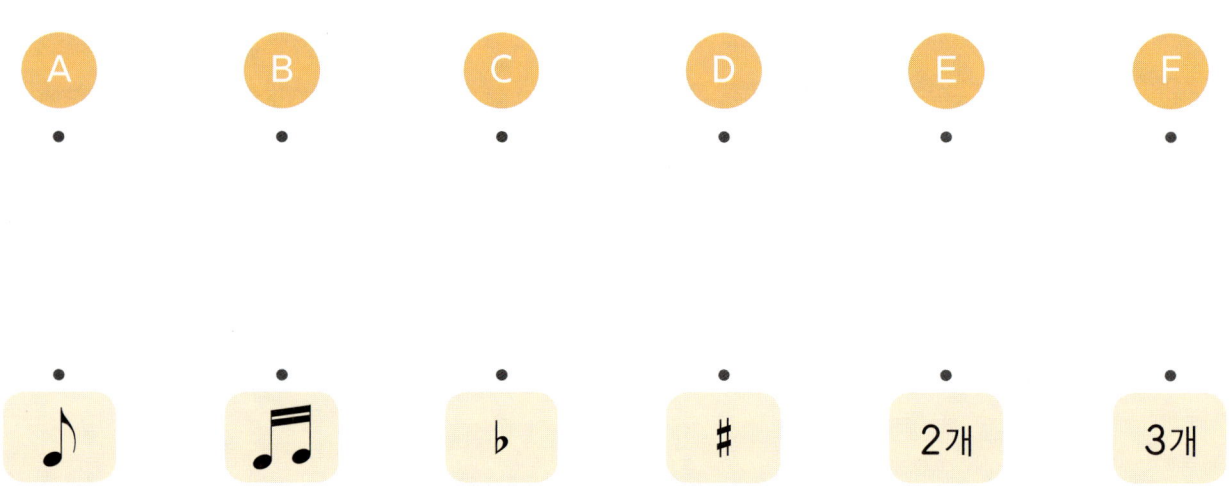

❷ 다음 악보를 보고 약속에 맞게 A, B, C, D, E, F를 쓰시오.

❸ 약속에 따라 ADF가 나타내는 것을 그려 보시오.

ADF

[모양, 색깔, 수]

1 가, 나, 다, 라, 마, 바가 모양(🖤, 🙂), 색깔(파란색, 노란색), 개수(3개, 4개)의 조건 중 하나를 나타냅니다. 다음을 보고 규칙을 찾아 '**가라바**'가 나타내는 것을 그리시오.

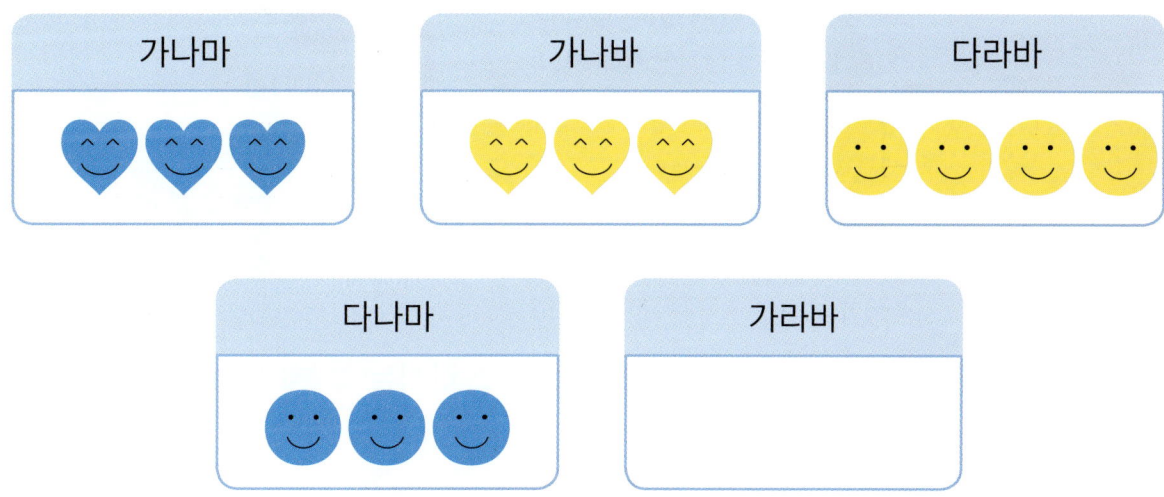

[색칠하기]

2 약속 의 규칙에 따라 다음 모양을 알맞게 색칠하시오.

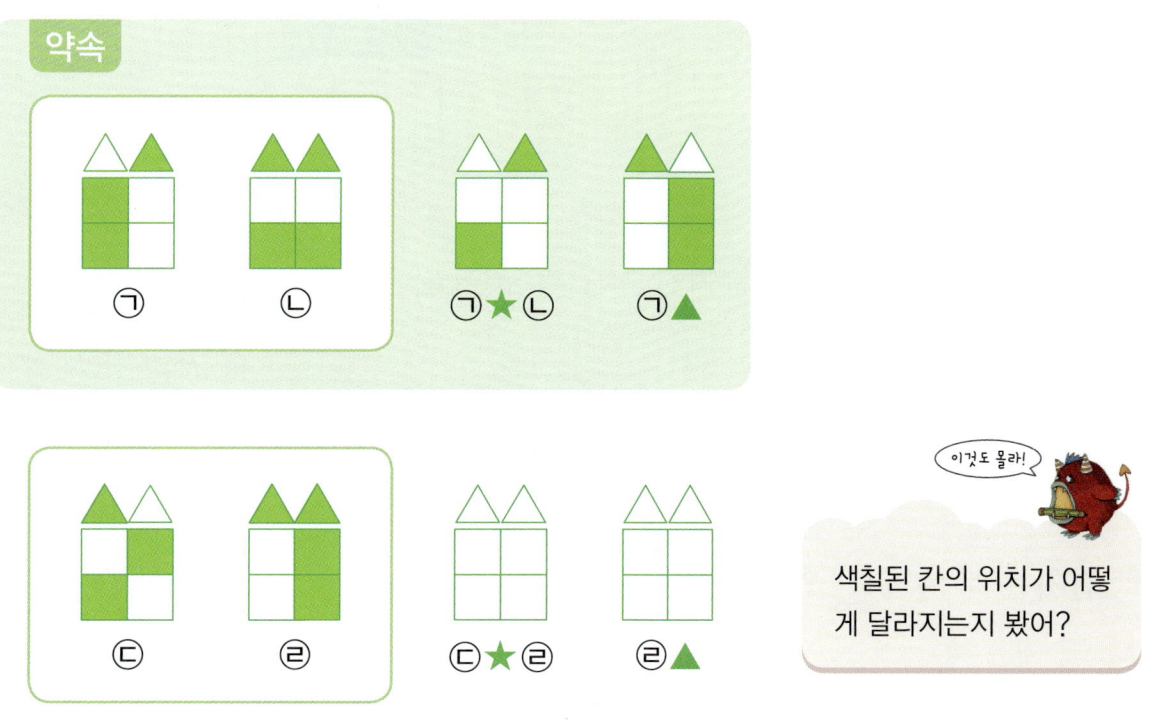

이것도 몰라!

색칠된 칸의 위치가 어떻게 달라지는지 봤어?

삼원 색종이

수학 요정은 수가 쓰여진 3장의 마법 종이를 가지고 있습니다. 이 종이를 겹치면, 겹쳐지는 부분에 다른 수가 나타납니다.

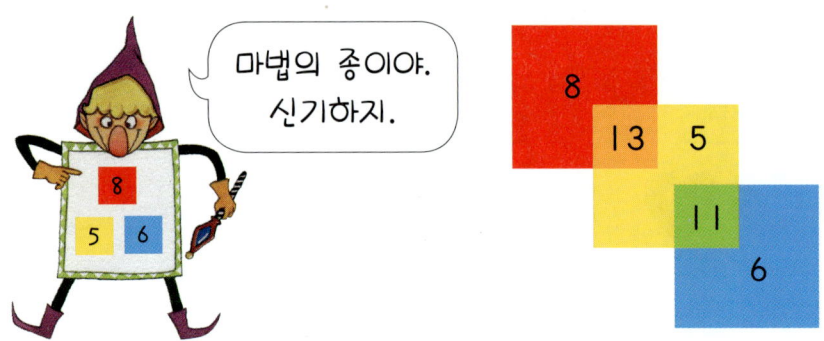

요정이 이 마법 종이를 다음과 같이 겹쳤을 때 겹쳐지는 부분에 나타나는 수를 구해 봅시다.

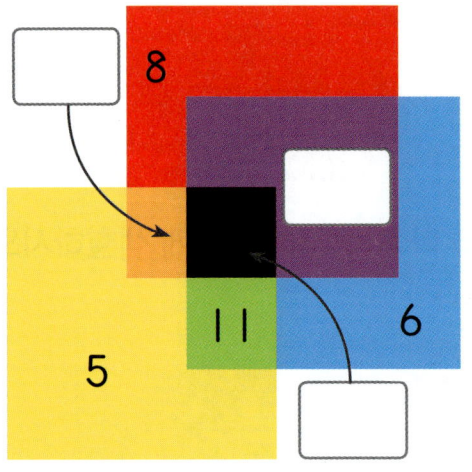

❶ 종이가 겹치는 부분에 들어가는 수의 규칙을 찾으시오.

이것도 몰라!

8과 5와 13, 5와 6과 11의 규칙을 찾았을까?

❷ 겹치는 부분의 ▢ 안에 알맞은 수를 쓰시오.

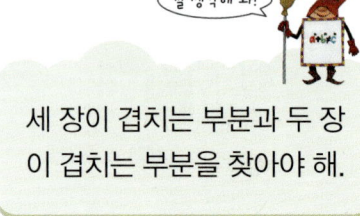

잘 생각해 봐!

세 장이 겹치는 부분과 두 장이 겹치는 부분을 찾아야 해.

1 다음과 같이 겹쳐진 원의 규칙을 찾아 A, B, C가 나타내는 수를 각각 구하시오.

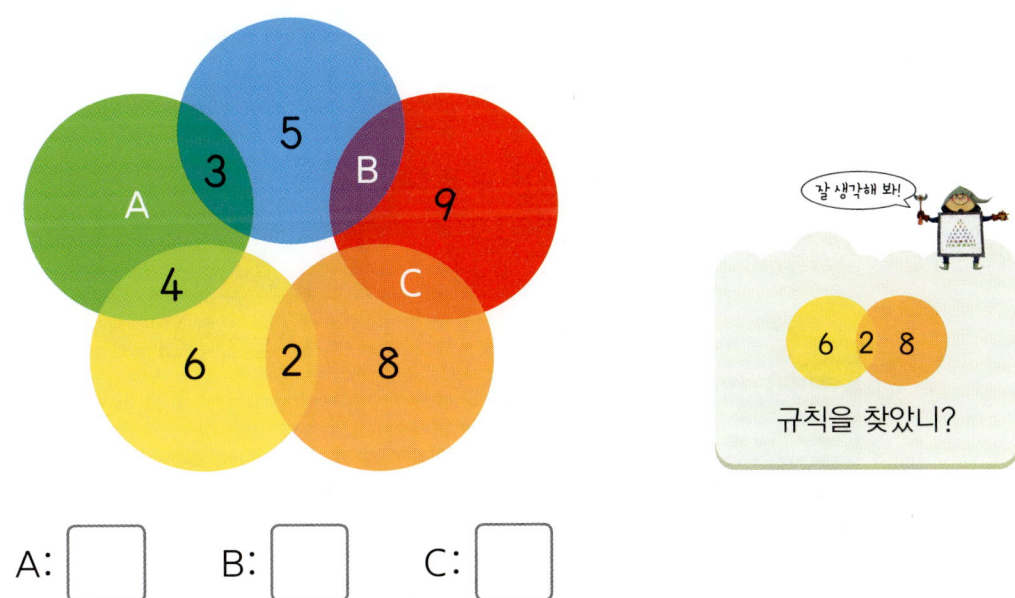

잘 생각해 봐!

규칙을 찾았니?

A: ☐   B: ☐   C: ☐

[다른 도형, 다른 관계]

2 다음과 같이 색종이를 겹쳐놓았습니다. 겹쳐지는 부분의 수는 색종이에 적힌 수의 합입니다. ☐ 안에 알맞은 수를 써넣으시오.

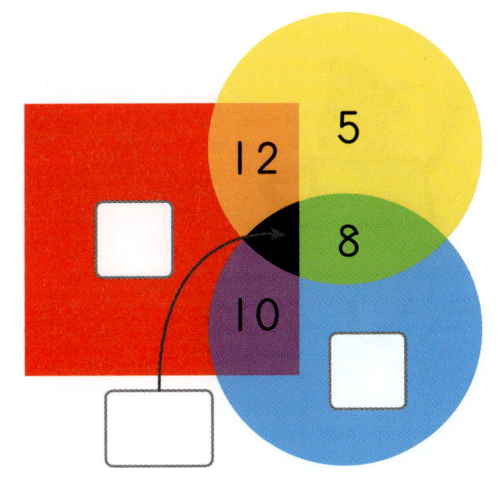

잘 생각해 봐!

검은색 칸의 수는 세 가지 색종이에 쓰인 수의 합이야.

수 배열의 규칙

지오, 태경, 초이가 아인이네 집에 초대 받았습니다. 세 친구는 처음 와 보는 아파트이지만 아인이가 적어준 주소를 보고 아인이네 아파트 앞까지 찾아왔습니다.

세 친구는 아인이가 사는 노크 아파트 ||4동 앞에 도착했습니다. |층의 제일 왼쪽 집이 |0|호일 때, 그림에서 아인이네 집을 찾아 ◯표 하시오.

다음 공연장의 좌석에서 E구역 15번, G구역 20번 자리를 찾아 색칠하시오.

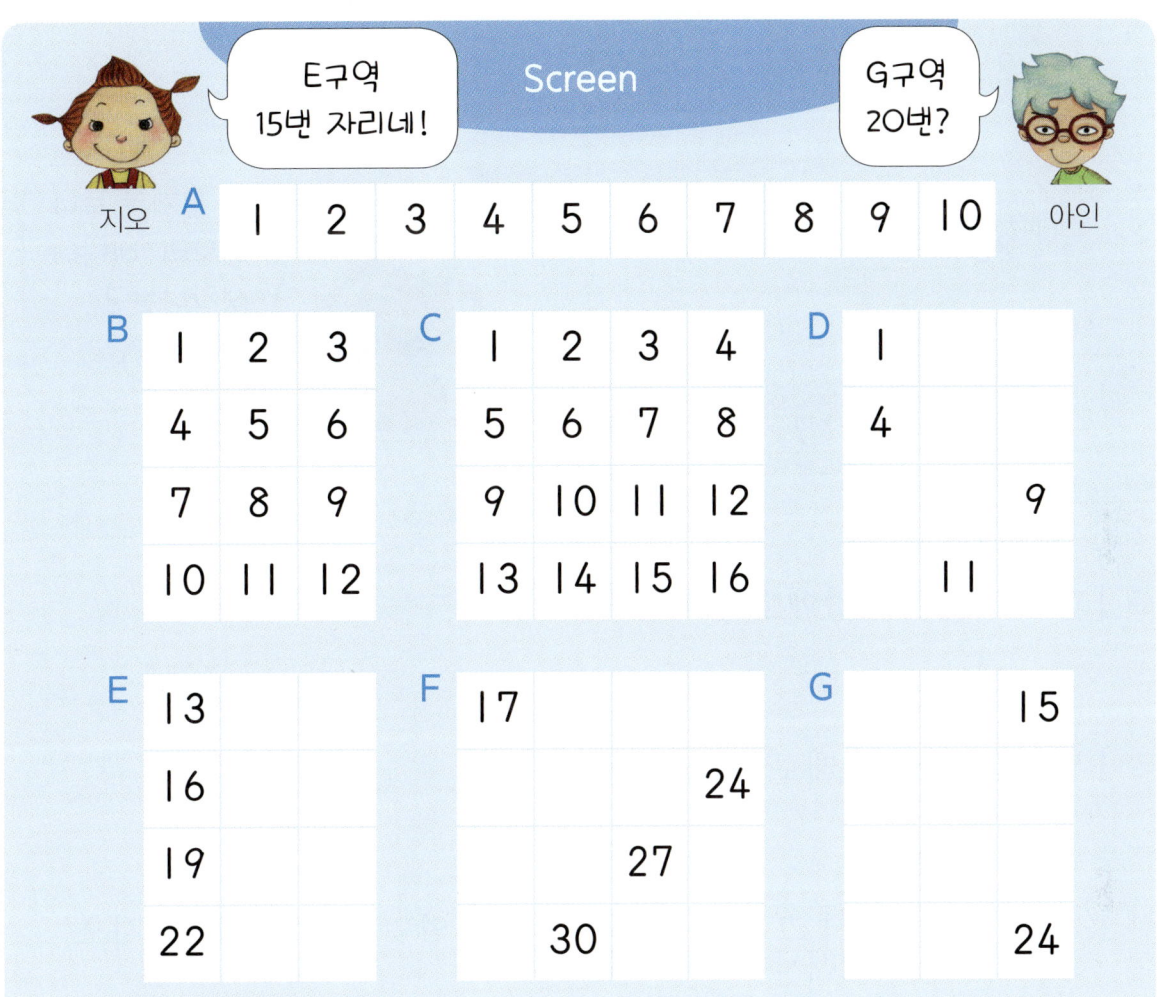

다음 표를 보고 수를 배열한 규칙을 찾아 빈 곳에 알맞은 수를 찾을 수 있습니다.

왼쪽 표는 1부터 25까지의 수를 일정한 규칙으로 배열한 것입니다. 1부터 25까지 순서대로 선을 그으면 수를 쓴 규칙을 알 수 있습니다. 규칙에 따라 ?와 ?에 들어갈 수는 차례로 9, 8입니다.

여러 가지 수 배열표

여러 가지 방법으로 수를 배열하였습니다. 규칙을 찾아 수 배열표를 완성해 봅시다.

25		11		13
		3		
23	8	1	4	
	7			
21		19		17

이 문제를 보니 회오리 바람이 생각나는군.

❶ 1과 3 사이의 빈칸에 2를 써넣으시오.

❷ 1부터 25까지 차례로 선으로 이으시오.

❸ 표의 빈칸에 ❷에서 그은 선을 따라 차례로 알맞은 수를 써넣으시오.

다음 수 배열표를 완성하시오.

1		5	16	
	3	6		18
9				
10		12	13	
	24	23		21

1	2		7	15
	5			
		9	13	
10		18	21	23
11				

[빙글빙글 수 배열]

1 규칙을 찾아 빈 곳에 알맞은 수를 써넣으시오.

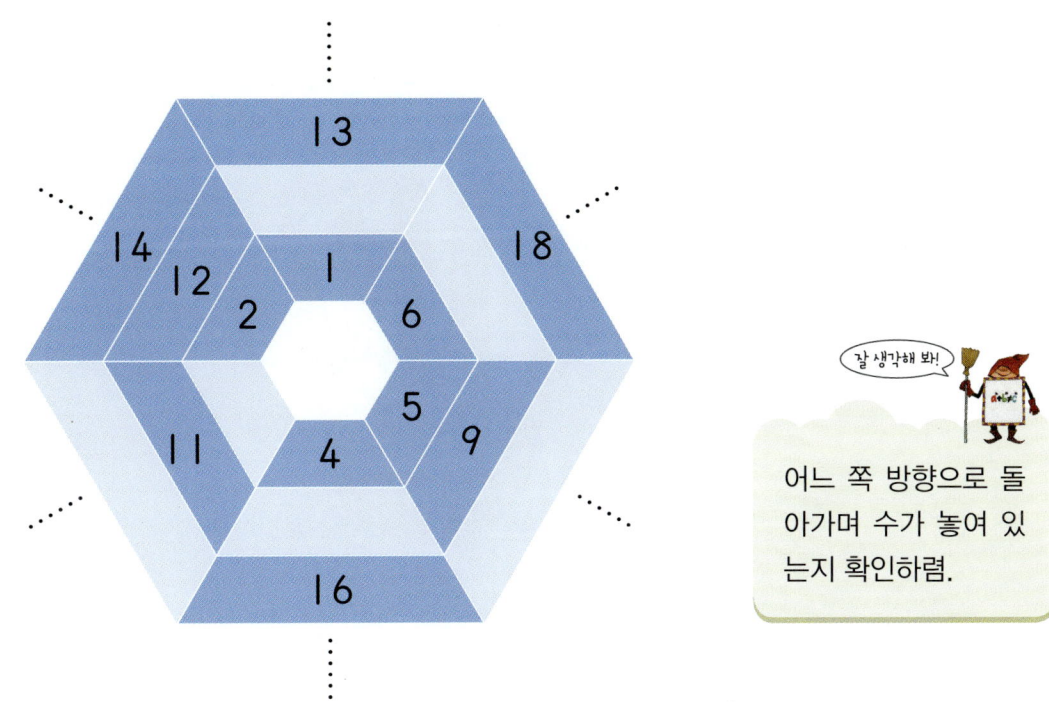

잘 생각해 봐!

어느 쪽 방향으로 돌아가며 수가 놓여 있는지 확인하렴.

[삼각형 수 배열]

2 일정한 규칙에 따라 수를 배열한 것입니다. 색칠한 곳에 들어갈 수의 합을 구하시오.

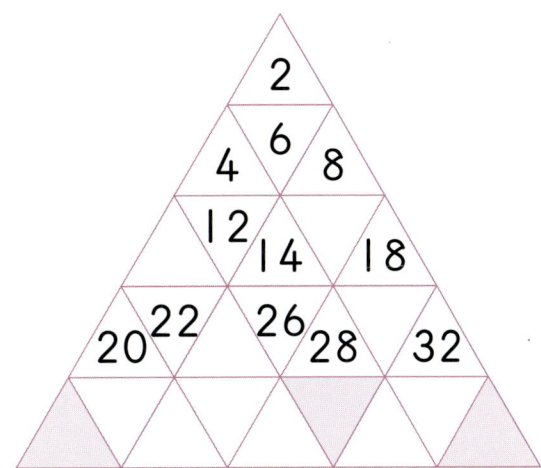

순환 배열

다음과 같이 손가락으로 수를 셀 때, 규칙을 찾아 30을 세는 손가락을 알아봅시다.

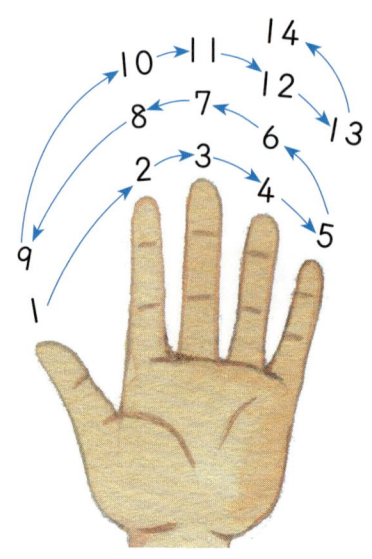

❶ 엄지손가락으로 세는 수를 차례로 써 보시오.

1   9   ☐   ☐

❷ 25부터 29까지 세는 손가락 위에 수를 쓰시오.

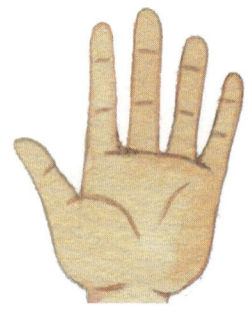

❸ 30을 세는 손가락 위에 ◯표 하시오.

[수 세기 놀이]

1 지오, 아인, 초이, 태경이가 수 세기 놀이를 하고 있습니다. 태경이부터 시작하여 1부터 차례로 수를 말한다고 할 때, 32를 말하는 사람은 누구입니까?

지오   아인   초이   태경

이것도 몰라!

숫자를 6개씩 묶어서 생각해보면 훨씬 간단하다는 거 몰랐지?

[45번째 건반]

2 피아노 건반을 다음과 같이 규칙적으로 칠 때, 45번째 치게 되는 건반은 무엇입니까?

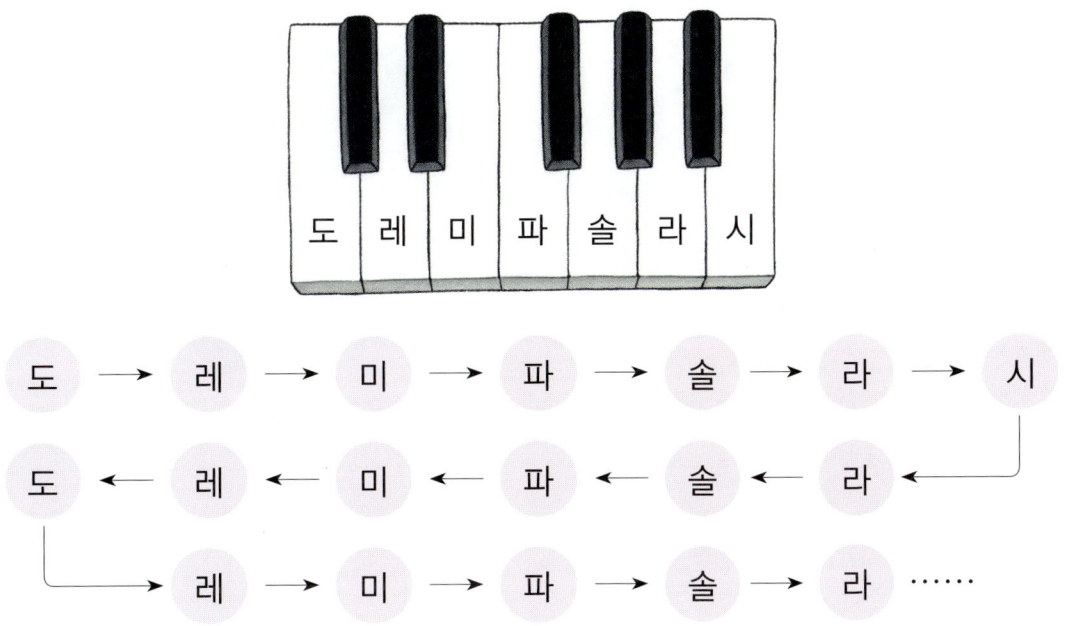

1 표의 규칙을 이용하여 글자를 나타내었을 때, 올바른 단어가 되지 않는 것을 고르시오.

0	1	2	3	4
ㄱ	ㄷ	ㅁ	ㅈ	ㅇ
5	6	7	8	9
ㅏ	ㅓ	ㅣ	ㅗ	ㅜ

㉠ 0919
㉡ 2835
㉢ 46225
㉣ 3882
㉤ 18354

2 가위바위보 게임에서 가위는 7, 바위는 3, 보는 1로 나타낸다고 합니다. 가위바위보 놀이의 규칙을 이용하여 숫자를 채울 때, 빈 곳에 알맞은 수를 써넣으시오.

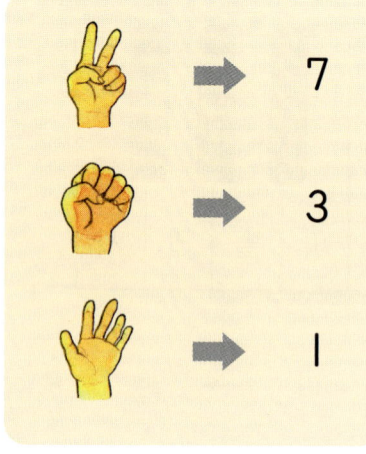

3 수를 다음와 같이 써나갈 때, 42는 어느 알파벳 아래에 오게 됩니까?

A	B	C	D	E	F	G
1		2	3			4
	7		6		5	
8		9		10		11
	14		13		12	
15		16	⋮	17		18

4 다음과 같이 배열하였을 때 꺾이는 곳의 수들은 일정한 규칙을 가지고 있습니다. 첫 번째로 꺾이는 곳의 수는 2, 두 번째로 꺾이는 곳은 4, 세 번째로 꺾이는 곳은 7일 때, 여덟 번째로 꺾이는 곳의 수를 구하시오.

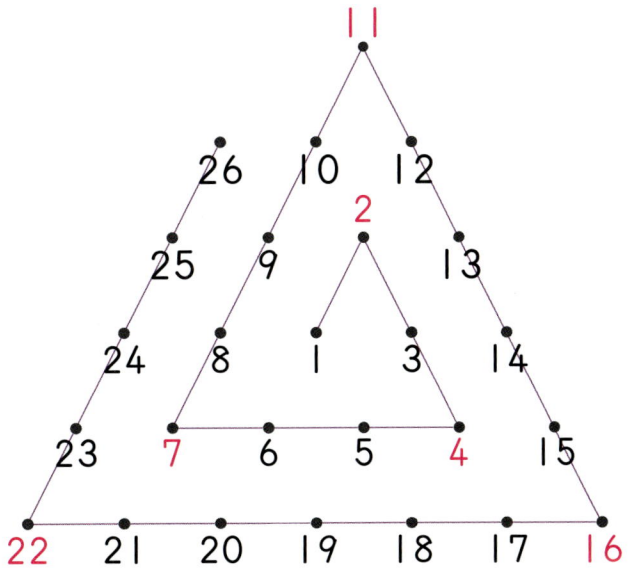

Chapter 4

수열

일주일 후에 있을 학교 수학 경시 대회의 공부 계획입니다.

매일 2쪽씩 늘려가며 공부할 거야.
첫째 날 1쪽, 둘째 날 3쪽, 셋째 날 5쪽, 넷째 날 7쪽 …….

매일 1쪽씩 더 많게 늘릴 거야.
첫째 날 1쪽, 둘째 날 2쪽(1쪽 늘림), 셋째 날 4쪽(2쪽 늘림), 넷째 날 7쪽(3쪽 늘림) …….

전날의 2배씩 공부할 거야.
첫째 날 1쪽, 둘째 날 2쪽, 셋째 날 4쪽, 넷째 날 8쪽 …….

태경

지오

아인

공부 계획을 본 꼬마 요괴들이 누가 공부를 더 많이 할지 예상해 봅니다.

4일째까지 공부하는 양이 태경이 16쪽, 지오 14쪽, 아인이 15쪽이군. 이번에 태경이가 큰 결심을 했나 봐.

난 아인이가 가장 많이 할 거라고 생각해.

다음은 태경, 지오, 아인이가 공부하는 양을 나타낸 표입니다. 표를 완성하고 가장 많이 공부한 사람은 누구인지 찾으시오. 단, 일요일은 공부하지 않습니다.

요일	월요일	화요일	수요일	목요일	금요일	토요일	합계
태경	1	3	5	7			
지오	1	2	4	7			
아인	1	2	4	8			

다음 수열의 규칙을 찾고, 마지막 칸에 들어갈 수를 쓰시오.

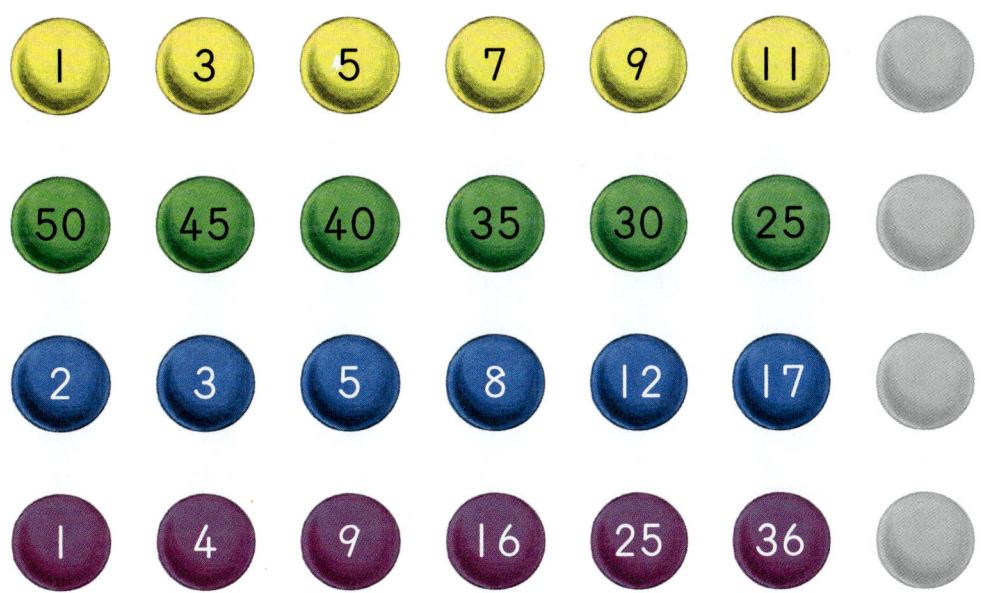

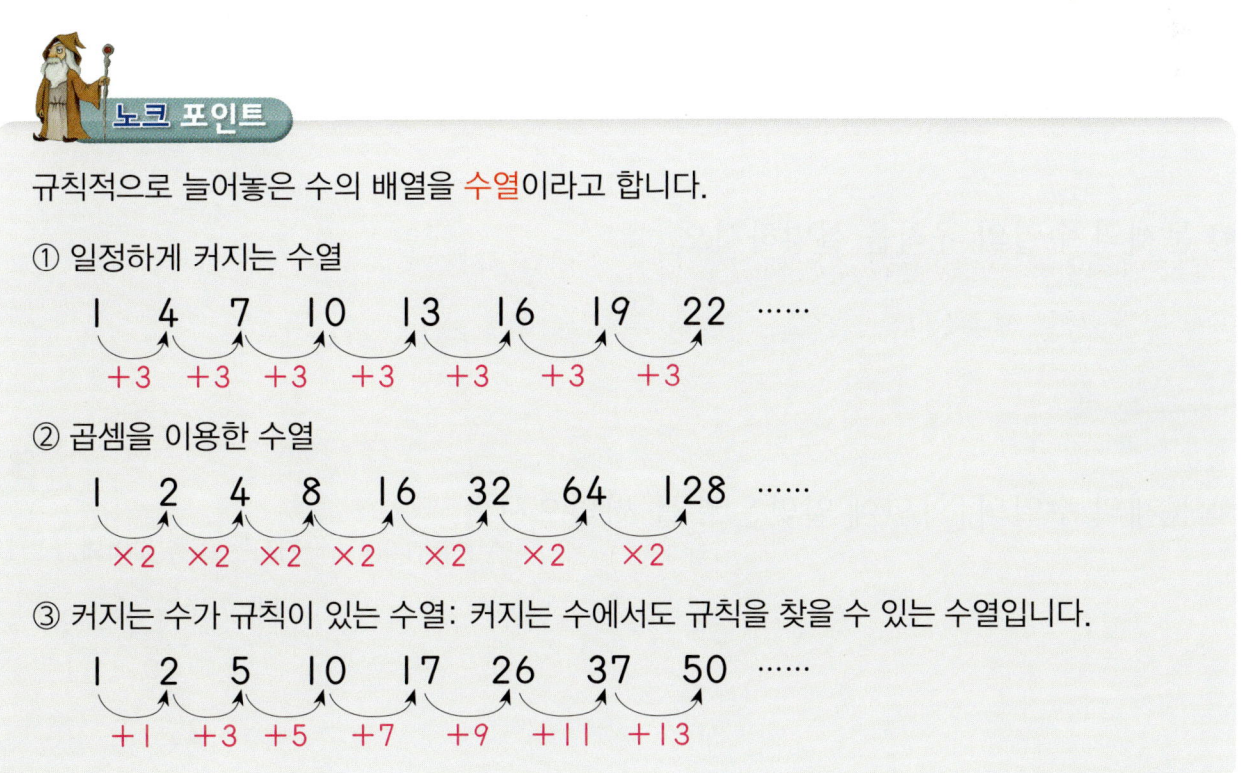

노크 포인트

규칙적으로 늘어놓은 수의 배열을 수열이라고 합니다.

① 일정하게 커지는 수열

1 4 7 10 13 16 19 22 ……
 +3 +3 +3 +3 +3 +3 +3

② 곱셈을 이용한 수열

1 2 4 8 16 32 64 128 ……
 ×2 ×2 ×2 ×2   ×2   ×2   ×2

③ 커지는 수가 규칙이 있는 수열: 커지는 수에서도 규칙을 찾을 수 있는 수열입니다.

1 2 5 10 17 26 37 50 ……
 +1 +3 +5 +7   +9   +11 +13

 커지는 수

다음과 같이 일정한 규칙으로 나열된 수열이 있습니다. 수열의 규칙을 찾고, ☐ 안에 알맞은 수를 알아봅시다.

6   8   12   18   26   36   ☐

❶ ☐ 안에 위 두 수의 차를 써넣으시오.

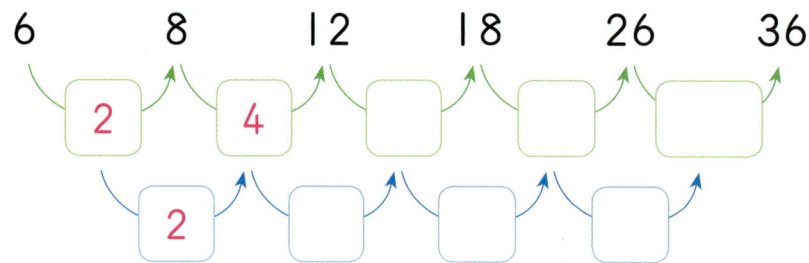

6   8   12   18   26   36

❷ ☐ 안에 위 두 ☐ 안의 수의 차를 써넣으시오.

❸ 문제의 수열의 규칙을 설명하시오.

❹ 문제의 수열의 ☐ 안에 알맞은 수를 써넣으시오.

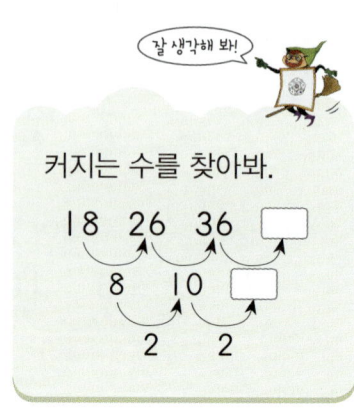

잘 생각해 봐!

커지는 수를 찾아봐.

18 26 36 ☐
    8   10 ☐
      2   2

[열 번째 수]

1 일정한 규칙에 따라 수를 나열한 것입니다. 수열의 열 번째 수를 구하시오.

①   3   5   9   15   23   33 ······ ☐
열 번째

②   2   5   11   20   32   47 ······ ☐
열 번째

커지는 수가 점점 커지네. 커지는 규칙을 찾을 수 있어?

[둥글게 규칙]

2 규칙을 찾아, 빈 곳에 알맞은 수를 써넣으시오.

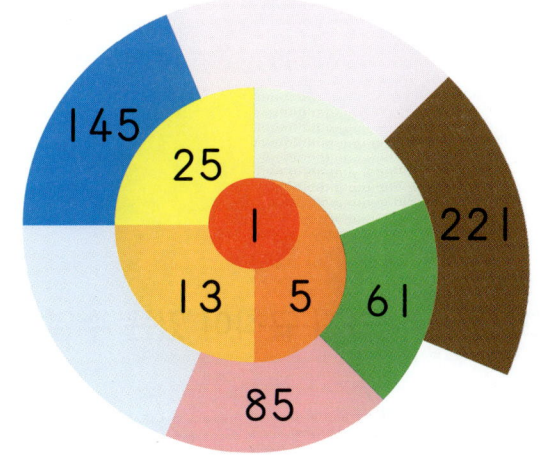

수를 차례로 적어 봐.
1, 5, 13, 25 ······
규칙이 보이지?

 ## 폴짝폴짝 규칙

초록 개구리와 노란 개구리가 다음과 같이 폴짝폴짝 뛰어가고 있습니다.

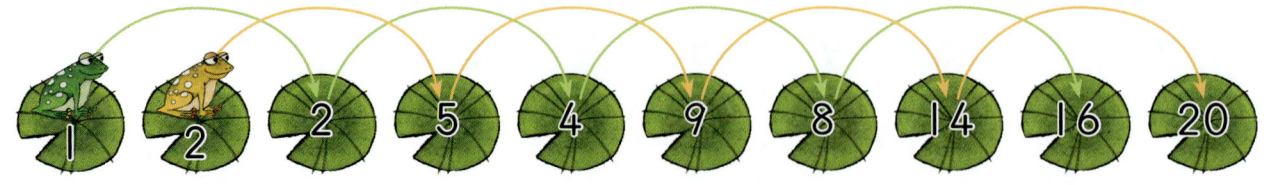

❶ 초록 개구리가 뛰어간 곳의 수를 차례로 쓰고, 수의 규칙을 설명하시오.

1	2			

규칙: _____

❷ 노란 개구리가 뛰어간 곳의 수를 차례로 쓰고, 수의 규칙을 설명하시오.

규칙: _____

다음은 두 개구리가 폴짝폴짝 뛴 것과 같이 두 가지 규칙이 있는 수열입니다. 빈 곳에 알맞은 수를 써넣으시오.

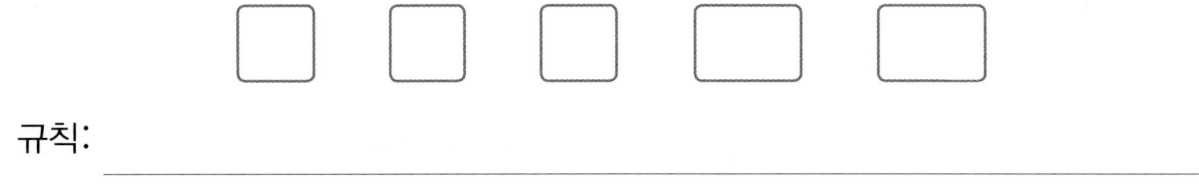

[홀수, 짝수 번째]

1 홀수 번째 규칙과 짝수 번째 규칙이 다른 수열을 만들려고 합니다. 지오와 태경이의 규칙에 따라 수열을 완성하시오.

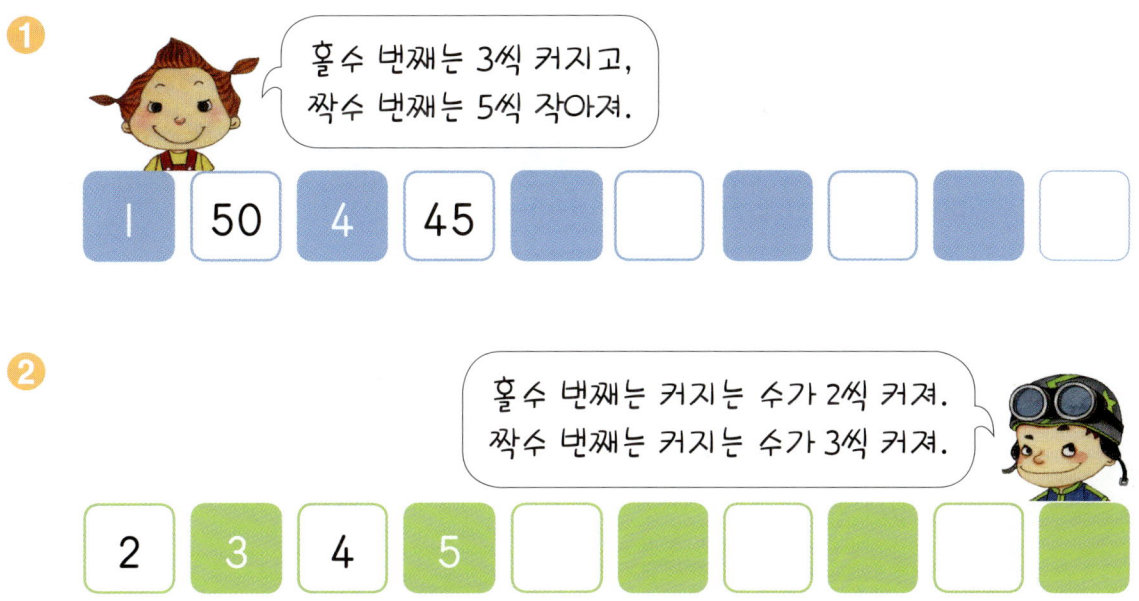

[누가 학교에 빨리 도착할까?]

2 아인이와 초이는 학교까지 걸어가며 자신이 만든 수열의 수를 번갈아가며 이야기하고 있습니다. 아인이가 먼저 시작하여 30을 먼저 말한 사람이 학교에 더 빨리 도착할 수 있습니다. 아인이와 초이 중 누가 먼저 학교에 도착합니까?

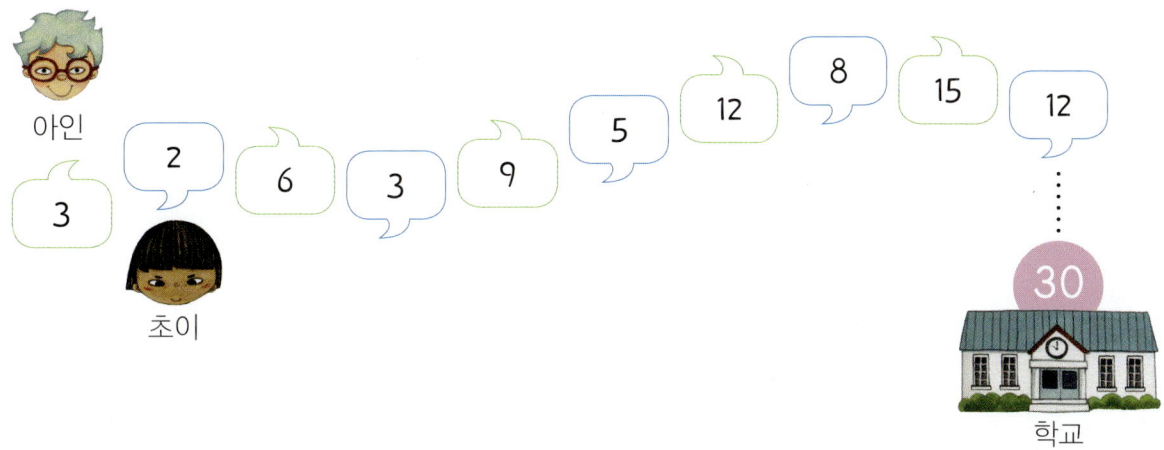

도형 개수 규칙

초이는 친구들에게 다음과 같은 초대장을 주었습니다.

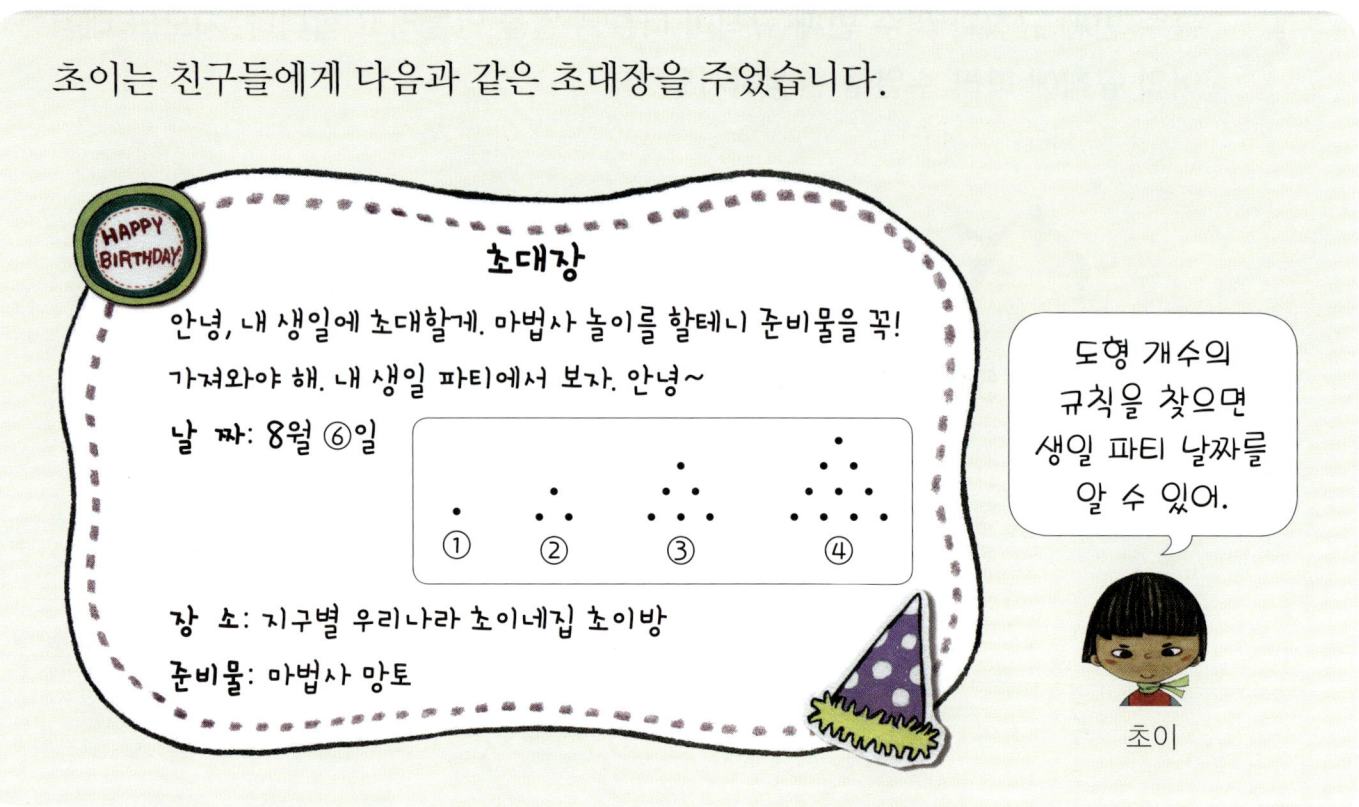

빈 곳에 다섯 번째와 여섯 번째 나오는 모양을 그려 보시오.

⑤   ⑥

8월 ②일은 8월 3일입니다. 8월 ⑥일은 8월 며칠인지 구하시오.

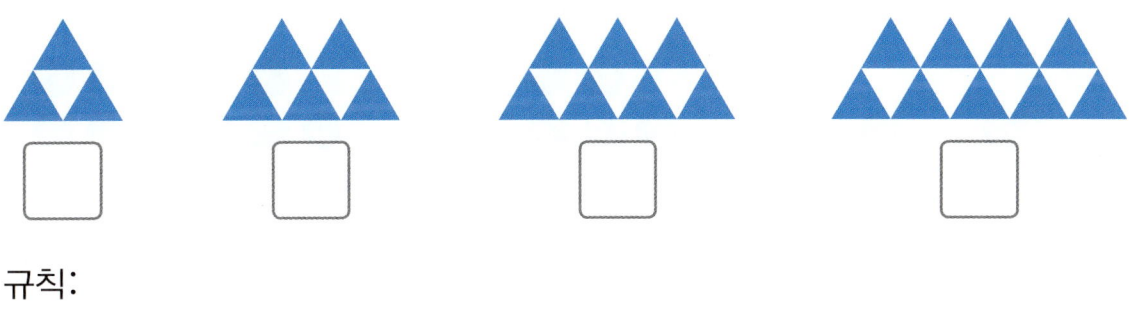

규칙적으로 놓은 무늬를 보고 규칙을 알아보시오.

● ▲ 의 개수를 세어 ☐ 안에 쓰고 규칙을 알아보시오.

규칙: _____

● 원의 개수를 세어 ☐ 안에 쓰고 규칙을 알아보시오.

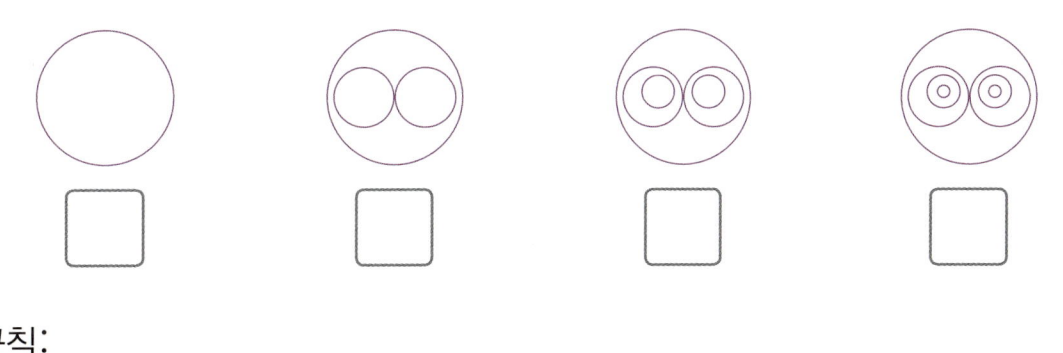

규칙: _____

노크 포인트

도형 개수의 규칙을 찾을 때에는 규칙에 맞게 그림으로 나타내거나 도형의 개수를 수열로 나타내어 규칙을 찾을 수 있습니다.

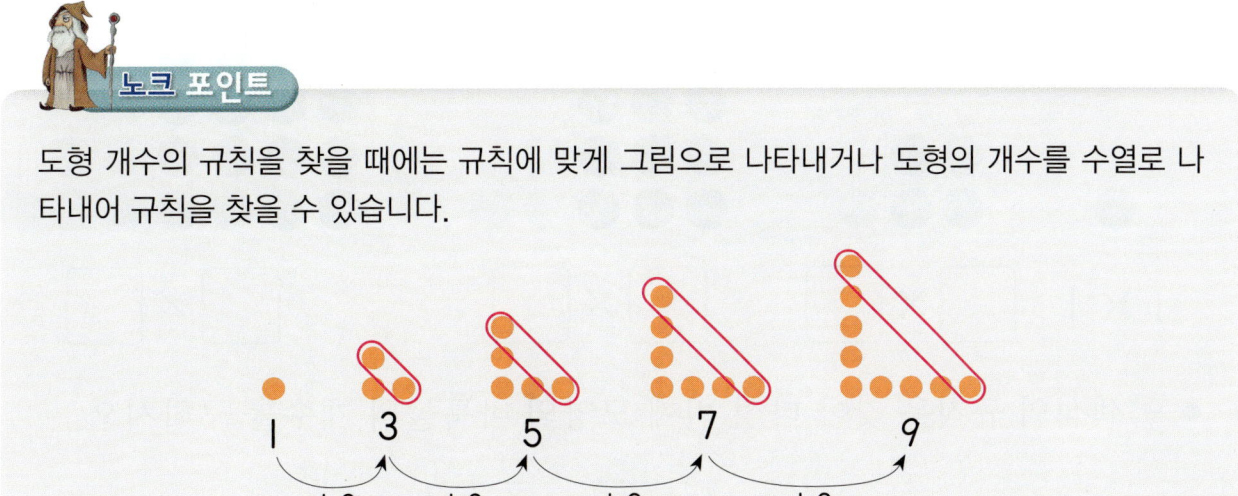

 바둑돌의 개수

다음과 같이 바둑돌이 놓여 있습니다. 여러 가지 방법으로 다섯 번째 모양의 바둑돌의 개수를 구해 봅시다.

첫 번째   두 번째   세 번째   네 번째

1 그림을 보고 바둑돌의 개수를 알아봅시다.

● 그림을 보고 ☐ 안에 알맞은 수를 써넣으시오.

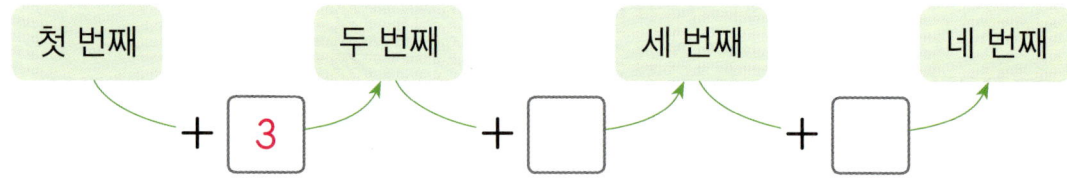

첫 번째 + 3 → 두 번째 + ☐ → 세 번째 + ☐ → 네 번째

● 늘어나는 수의 규칙을 찾아 다섯 번째 모양의 바둑돌의 수를 구하시오.

2 곱셈식을 이용하여 바둑돌의 개수를 알아봅시다.

● 바둑돌의 위치를 바꾸어 바둑돌의 개수를 곱셈식으로 나타내어 보시오.

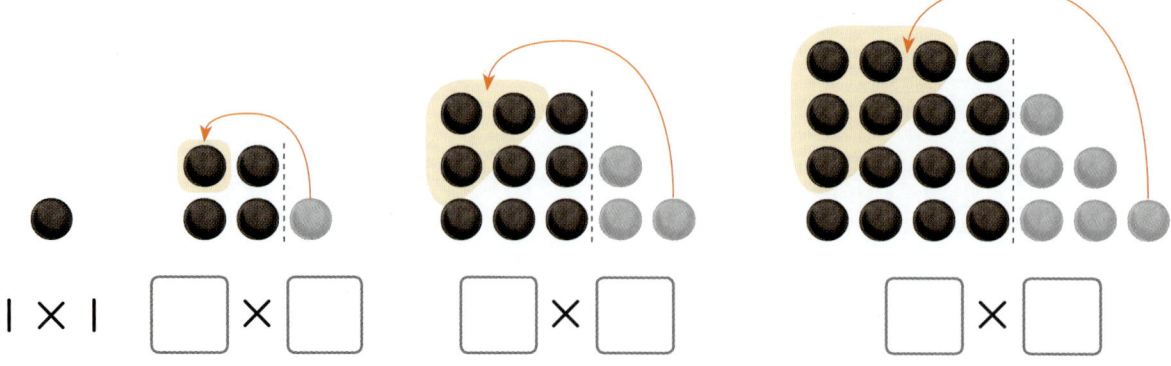

| × | ☐ × ☐   ☐ × ☐   ☐ × ☐

● 곱셈식의 규칙을 찾아 다섯 번째 모양의 바둑돌의 개수를 구하시오.

☐ × ☐ = ☐ (개)

[더 많은 바둑돌]

1 바둑돌을 일정한 규칙으로 늘어놓았습니다. 위에서부터 열 번째 줄까지 놓았을 때, 어떤 색깔의 바둑돌이 몇 개 더 많은지 구하시오.

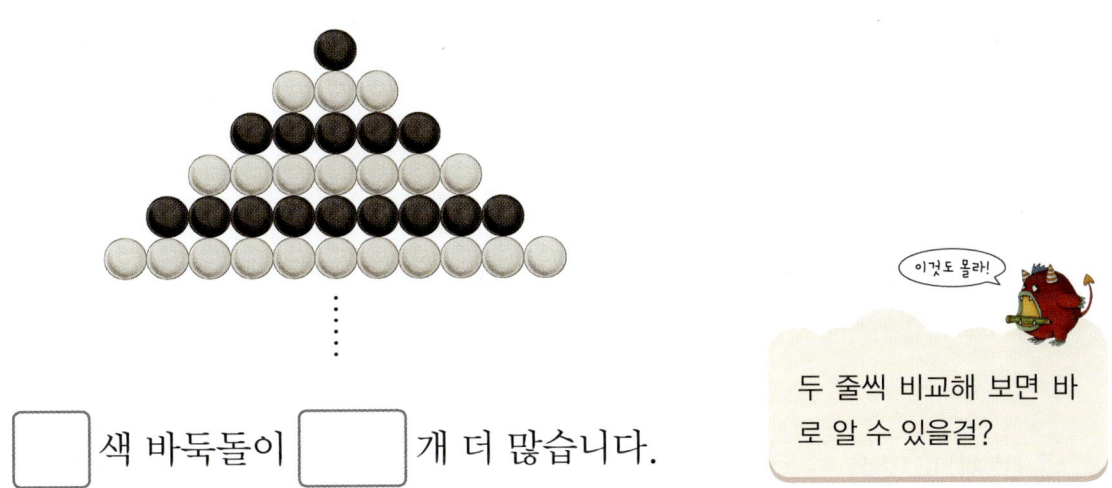

이것도 몰라!

두 줄씩 비교해 보면 바로 알 수 있을걸?

□ 색 바둑돌이 □ 개 더 많습니다.

[바둑돌의 개수]

2 다음과 같이 규칙적으로 바둑돌을 늘어 놓았습니다. 네 번째 모양을 만드는데 필요한 검은색 바둑돌과 흰색 바둑돌의 개수를 각각 구하시오.

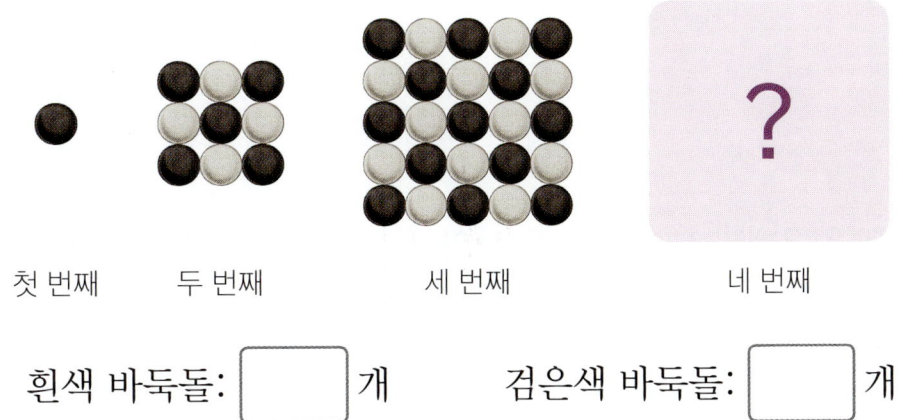

| 첫 번째 | 두 번째 | 세 번째 | 네 번째 |

흰색 바둑돌: □ 개   검은색 바둑돌: □ 개

시에르핀스키 삼각형

삼각형을 똑같이 4개로 잘라 가운데를 버리는 규칙을 반복하여 만드는 삼각형을 시에르핀스키 삼각형이라고 합니다. 다섯 번째 시에르핀스키 삼각형에서 색칠된 가장 작은 삼각형의 개수를 알아봅시다.

첫 번째   두 번째   세 번째   다섯 번째

❶ 세 번째 모양을 오른쪽과 같이 **4**부분으로 나누면 두 번째 모양과 같은 모양을 **3**개 찾을 수 있습니다.

네 번째 모양에서도 세 번째 모양을 **3**개 찾을 수 있습니다. 오른쪽 모양에 색칠하여 네 번째 모양을 나타내 보시오.

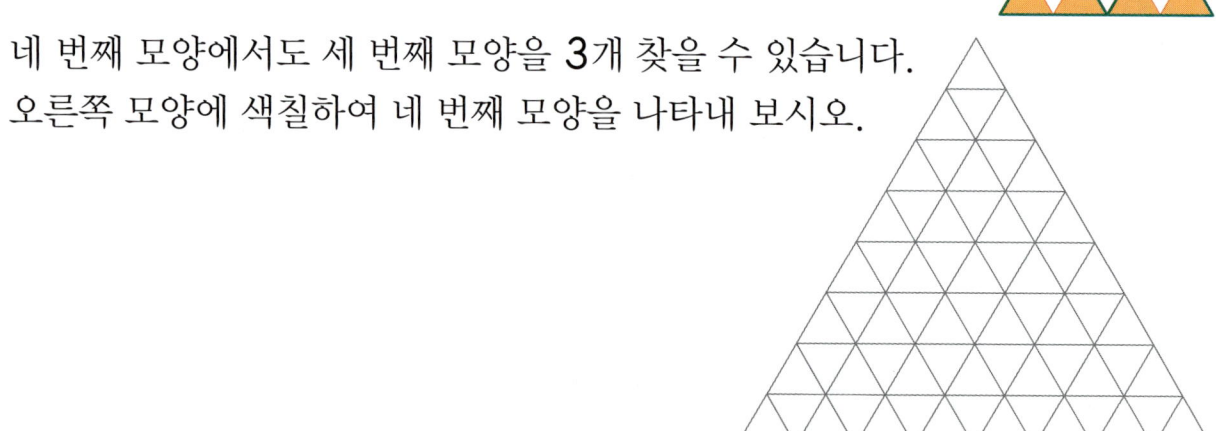

❷ 같은 모양을 **3**개씩 모아서 다음 모양을 만드는 시에르핀스키 삼각형에서 🔺의 개수가 변하는 규칙을 설명하시오.

❸ 규칙을 사용하여 🔺의 개수를 구하는 다음 표를 완성하시오.

순서	첫 번째	두 번째	세 번째	네 번째	다섯 번째
🔺	1	3			

[삼각형의 개수]

1 아인이는 사각형 종이를 똑같이 9개로 잘라 가운데 부분은 버립니다. 아인이가
다음과 같이 이 과정을 반복할 때 색칠된 사각형 조각이 늘어나는 규칙을 쓰시오.

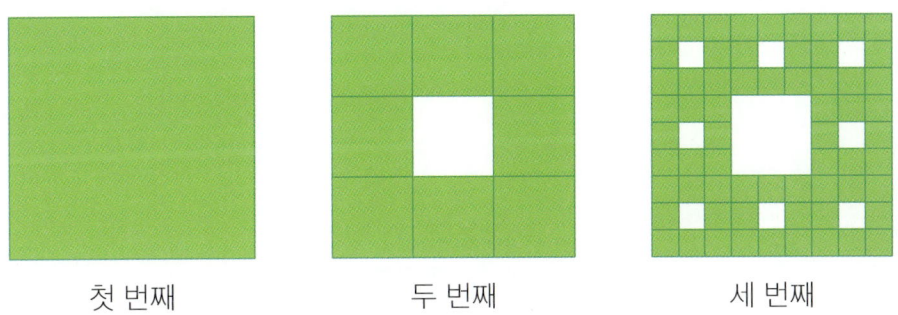

첫 번째　　　　두 번째　　　　세 번째

규칙: _____

[나뭇가지의 개수]

2 다음과 같은 규칙으로 나무의 가지가 뻗어나가고 있습니다. 뻗은 나뭇가지의 수
가 63개가 되는 모양은 몇 번째 모양입니까?

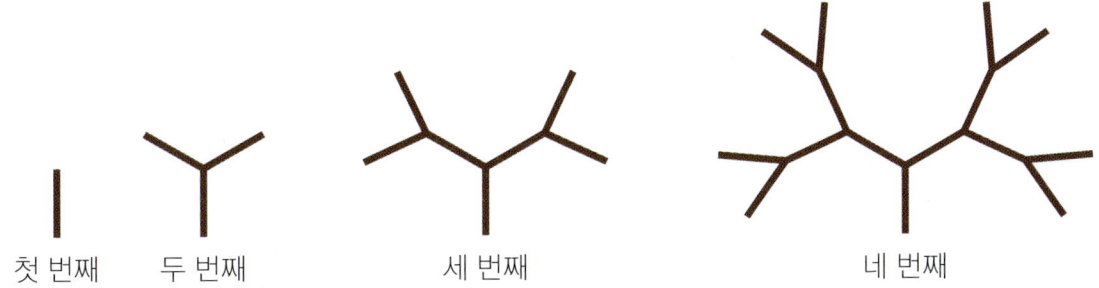

첫 번째　두 번째　　　　세 번째　　　　　　네 번째

잘 생각해 봐!

새로 뻗는 가지의 개수를 세어
보면 규칙을 발견하게 될 거야.

12 성냥개비 규칙

아인, 지오, 태경이가 성냥개비를 사용하여 집을 만들고 있습니다. 지오는 태경이처럼 나란히 붙어 있는 집 5채를 만들려고 합니다.

나는 집 1채를 만들었어.

나는 집 5채를 만들려고 하는데, 성냥개비가 몇 개 필요한 거지?

나는 집 2채를 만들었지.

아인

지오

태경

아인이가 집 1채를 만드는 데 사용한 성냥개비는 몇 개입니까?

집 2채를 만든 태경이는 아인이보다 성냥개비를 몇 개 더 사용했습니까?

지오에게 필요한 성냥개비의 개수를 구하시오.

성냥개비를 일정한 모양으로 늘어놓고 있습니다. 다섯 번째에 올 모양을 만드는 데 필요한 성냥개비의 개수를 구하시오.

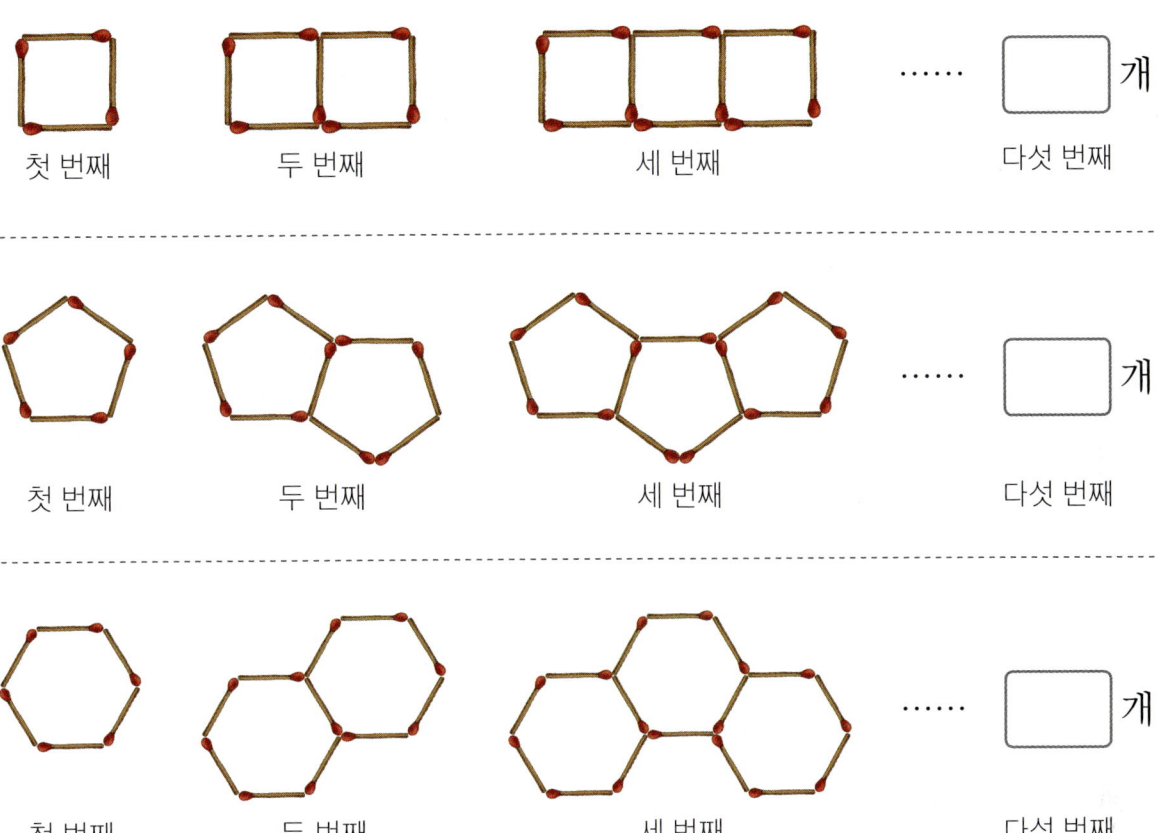

첫 번째　　두 번째　　세 번째　　⋯⋯　□ 개 다섯 번째

첫 번째　　두 번째　　세 번째　　⋯⋯　□ 개 다섯 번째

첫 번째　　두 번째　　세 번째　　⋯⋯　□ 개 다섯 번째

 노크 포인트

성냥개비로 만든 모양에서 늘어나는 성냥개비의 개수를 알면 필요한 성냥개비의 개수를 구할 수 있습니다.

 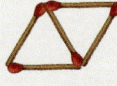 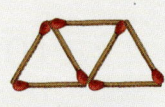 ⋯⋯

첫 번째　　두 번째　　세 번째　　　　　열 번째

① 삼각형이 1개 늘어날 때마다 성냥개비가 2개씩 더 필요합니다.
② 열 번째 모양은 삼각형이 10개이고, 처음 1개의 삼각형은 성냥개비 3개, 나머지 9개의 삼각형은 성냥개비가 2개씩 필요합니다.
③ 열 번째 모양을 만드는 데 필요한 성냥개비의 개수는 3+18=21(개)입니다.

커지는 도형

규칙을 찾아 다섯 번째 모양에 필요한 성냥개비의 개수를 구해 봅시다.

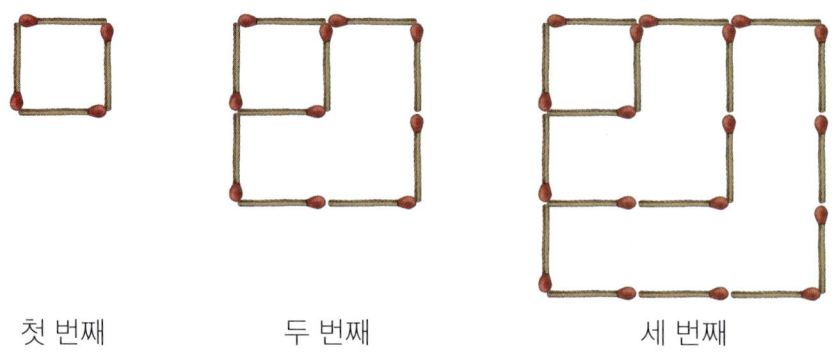

첫 번째   두 번째   세 번째

❶ 세 번째 모양에 성냥개비를 간단하게 그려서 네 번째 모양을 완성해 보시오.

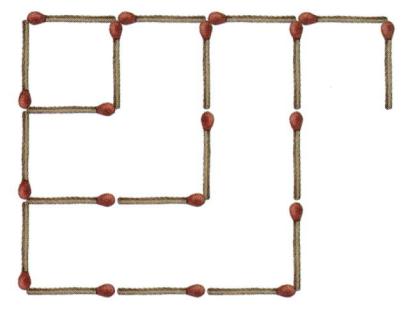

네 번째

❷ 다음은 성냥개비의 개수를 나타낸 표입니다. 위의 그림을 보고 표를 완성하고, ☐ 안에 알맞은 수를 쓰시오.

순서	첫 번째	두 번째	세 번째	네 번째
성냥개비 개수	4	10		

+6   +8   +☐

❸ 늘어나는 성냥개비의 규칙을 이용하여 다섯 번째 모양의 성냥개비의 개수를 구하시오.

1 다음과 같은 규칙으로 성냥개비를 사용하여 모양을 만들 때, 여섯 번째 모양에 필요한 성냥개비의 개수를 구하시오.

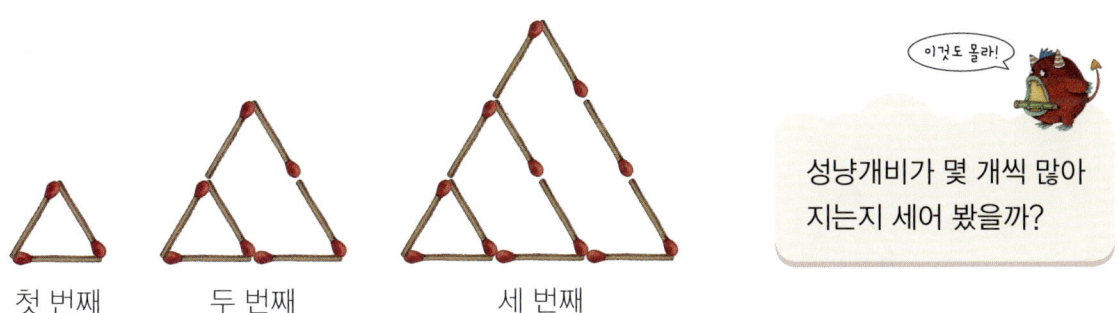

첫 번째   두 번째   세 번째

이것도 몰라!

성냥개비가 몇 개씩 많아지는지 세어 봤을까?

[커지는 모양]

2 성냥개비를 사용하여 다음과 같은 모양을 만들 때, 다섯 번째 모양에 필요한 성냥개비의 개수를 구하시오.

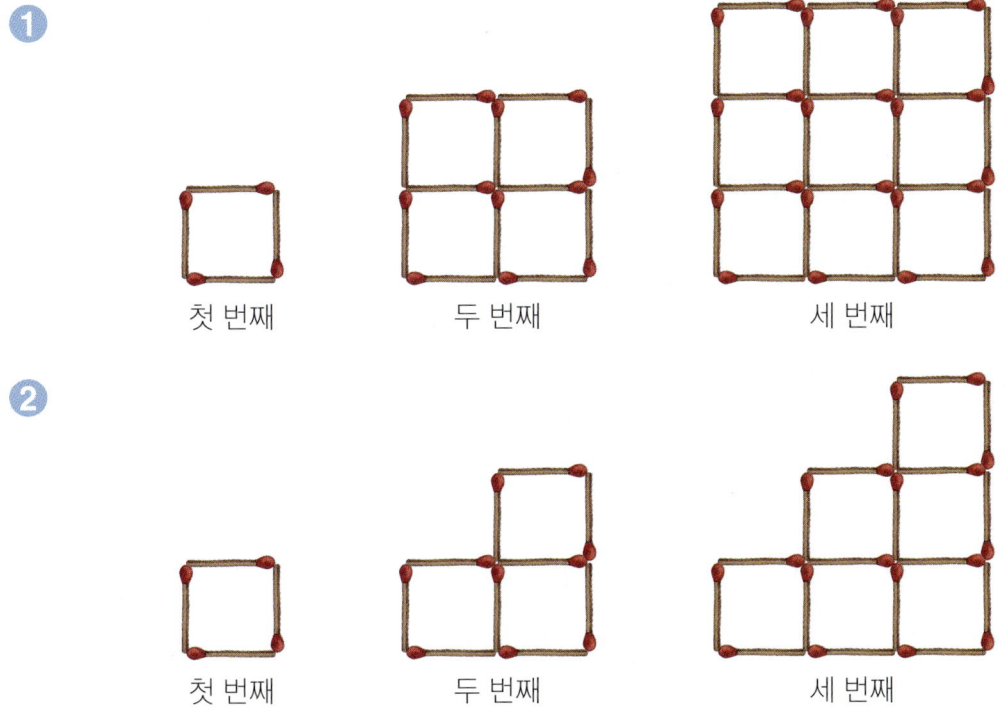

① 첫 번째   두 번째   세 번째

② 첫 번째   두 번째   세 번째

다섯 번째 모양

성냥개비를 사용하여 피라미드를 만들고 있습니다. 다섯 번째 피라미드를 만드는 데 필요한 성냥개비의 개수를 구해 봅시다.

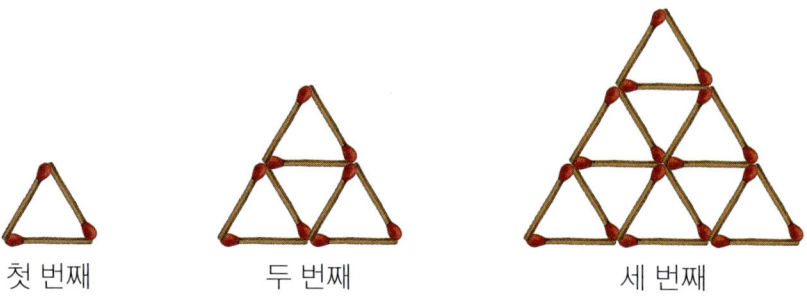

첫 번째　　　　　두 번째　　　　　세 번째

❶ 성냥개비를 3개씩 모아서 세기 위해서 성냥개비 3개로 둘러 싸인 삼각형에 색칠을 하였습니다. 색칠된 삼각형의 개수를 구하여 다음 표를 완성하시오.

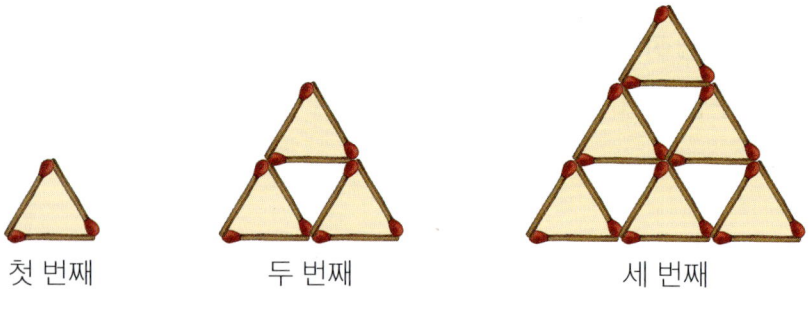

첫 번째　　　　　두 번째　　　　　세 번째

순서	첫 번째	두 번째	세 번째	네 번째	다섯 번째
삼각형의 개수	1				

+ 2　　+ ☐　　+ ☐　　+ ☐

❷ 다섯 번째 피라미드에 필요한 성냥개비는 몇 개입니까?

이것도 몰라!

삼각형 1개에 필요한 성냥개비는 3개야. 몰랐지?

1 일정한 규칙에 따라 성냥개비로 탑을 쌓고 있습니다. 다섯 번째 모양에 필요한 성냥개비의 개수를 구하시오.

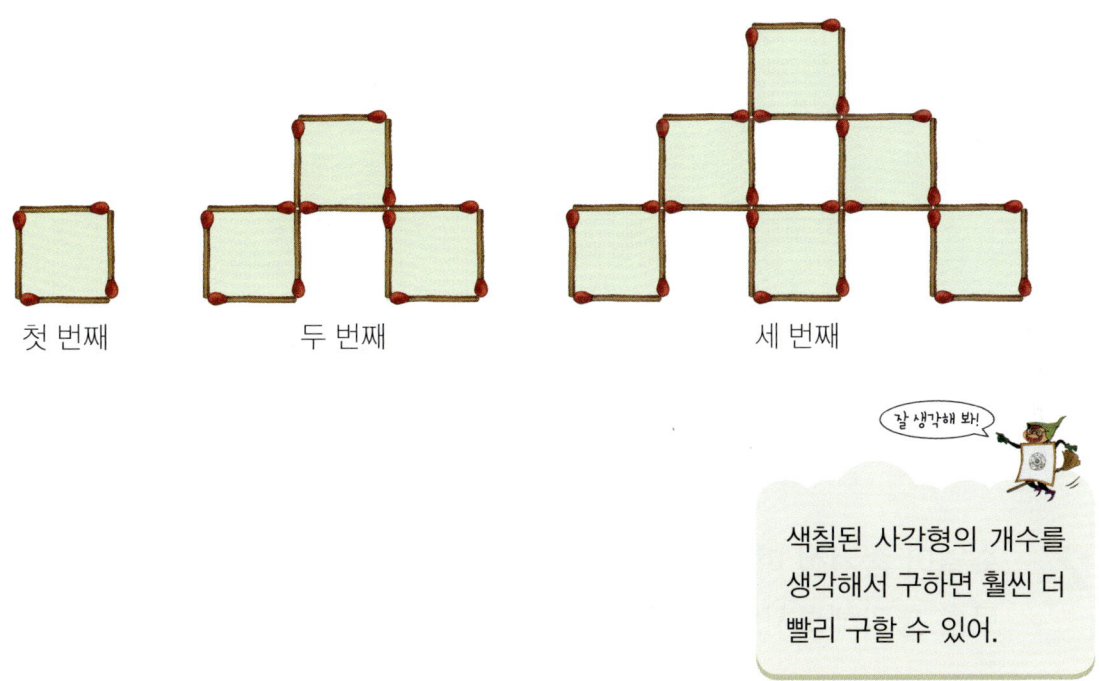

첫 번째   두 번째   세 번째

잘 생각해 봐!

색칠된 사각형의 개수를 생각해서 구하면 훨씬 더 빨리 구할 수 있어.

[성냥개비 삼각형]
2 일정한 규칙에 따라 성냥개비를 나열하였습니다. 다섯 번째 모양에 필요한 성냥개비는 몇 개입니까?

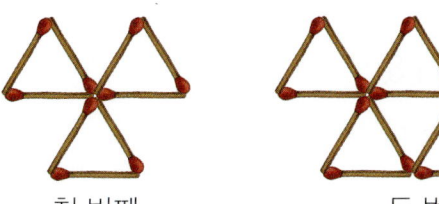 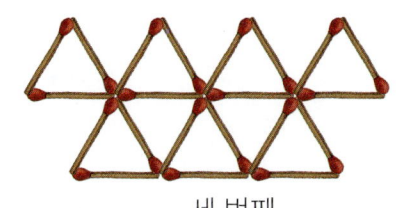

첫 번째   두 번째   세 번째

창의적 문제해결력

1 다음 수열의 규칙을 쓰고, ☐ 안에 알맞은 수를 써넣으시오.

| | 2 3 5 8 |3 21 34 55 89 ☐

규칙: _____

2 수열이 숨겨진 미로가 있습니다. 작아지는 수가 일정하게 커지는 수열을 따라 미로를 통과해보시오.

출발 ➡	60		65		72	
		55		45		30
	49		36		37	
42		38		43		33
	34			8					
35		25			4		20
	|2		|5		4	도착

3   성냥개비를 사용하여 다음과 같은 모양을 만들고 있습니다. 성냥개비 70개를 모두 사용하여 만든 모양에서 찾을 수 있는 크기가 모두 같은 사각형의 개수를 구하시오.

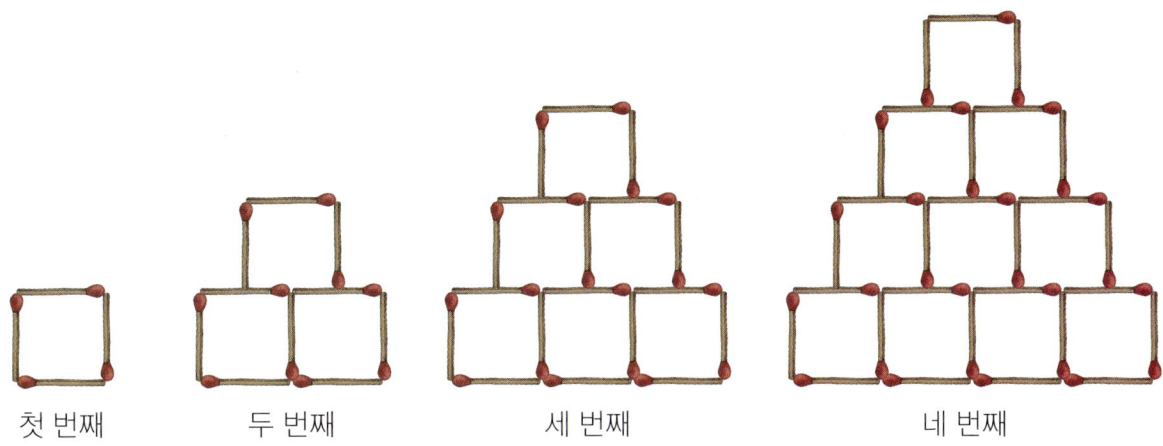

첫 번째   두 번째   세 번째   네 번째

4   다음과 같이 벌집의 크기가 일정하게 커지고 있습니다. 벌집의 작은 한 칸에 벌이 한 마리씩 살고 있다고 할 때, 아홉 번째 벌집에 살고 있는 벌은 모두 몇 마리입니까?

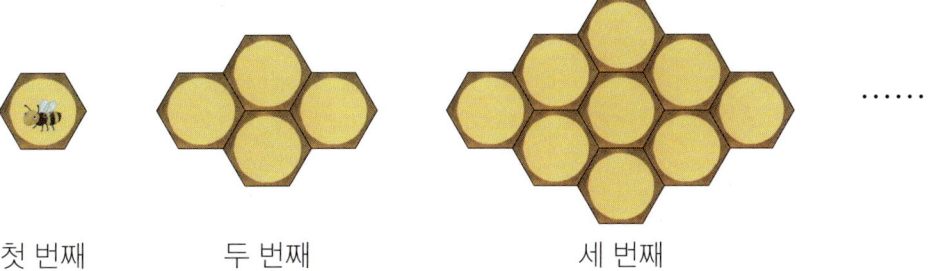

첫 번째   두 번째   세 번째   ......

MEMO

정답및 해설

규칙

B6
(9~10세)

누구나 **쉽고 재미있게**
사고력
수학
누크

정답 및 해설

누구나
쉽고 재미있게

사고력 수학

노크

B6
(9~10세)

규칙

유비추론

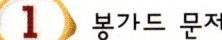

1 봉가드 문제

러시아의 과학자 봉가드(Bongard)는 1967년 「패턴인식」이라는 책에 '봉가드 문제'라고 불리게 되는 100개의 문제를 실었습니다.

> 왼쪽 6개의 그림과 오른쪽 6개의 그림을 나눈 기준을 찾아봐.

다음은 봉가드 문제 중 가장 먼저 나오는 1번과 2번 문제입니다.

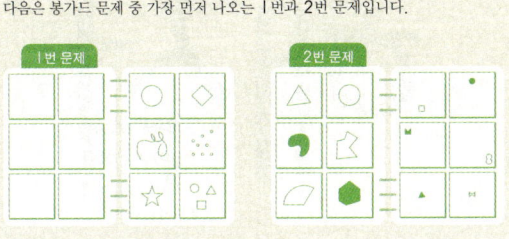

1번 문제의 왼쪽, 오른쪽을 나눈 기준은 다음과 같습니다.

> 그림이 있다. / 없다.

2번 문제의 왼쪽, 오른쪽을 나눈 기준을 쓰시오.

> **그림이 크다. / 작다.**

⚙ 다음 봉가드 문제의 왼쪽, 오른쪽을 나눈 기준을 쓰시오.

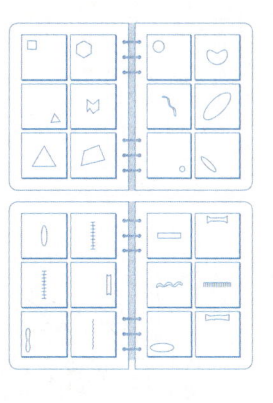

기준
왼쪽 모양에는 둥근선이 없고, 오른쪽 모양에는 둥근선이 있습니다.

기준
왼쪽 모양은 세로 방향으로, 오른쪽 모양은 가로 방향으로 길게 그려져 있습니다.

도코 포인트

유비추론이란 주어진 모양이나 단어의 관계를 보고 추리하는 것을 이야기합니다.

① 공통점을 이용한 유비추론의 예

왼쪽 모양은 비어 있고, 오른쪽 모양은 채워져 있습니다. 🔺은 왼쪽과 같은 모양입니다.

② 관계를 이용한 유비추론의 예

손 : 장갑 = 발 : ☐

손에 끼는 것이 장갑이라는 관계를 생각해 보면 ☐ 안에 알맞은 단어는 발에 끼는 '양말'이라는 것을 추리할 수 있습니다.

도형 봉가드

다음 봉가드 문제의 규칙을 찾고 규칙에 따라 그림을 분류해 봅시다.

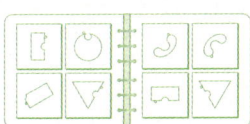

❶ 위 그림은 큰 도형에 구멍을 내고 작은 원을 붙였다고 생각할 수 있습니다. 왼쪽과 오른쪽 모양을 나눈 기준은 다음 중 무엇입니까? (ⓒ)

> 항상 같은 방향에서 구멍을 보면 기준을 찾을 수 있지.

- ㉠ 큰 도형의 모양
- ㉡ 구멍과 작은 원의 위치
- ㉢ 작은 원의 크기
- ㉣ 큰 모양에 구멍이 난 위치

❷ 왼쪽 그림과 오른쪽 그림에서 작은 원의 위치가 어떻게 다른지 쓰시오.

> **왼쪽 그림은 작은 원이 구멍의 왼쪽에 있고**
> **오른쪽 그림은 작은 원이 구멍의 오른쪽에 있습니다.**

❸ 다음 그림을 보고 왼쪽으로 분류되어야 하는 그림은 왼쪽, 오른쪽으로 분류되어야 하는 그림은 오른쪽이라고 써넣으시오.

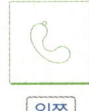

| 왼쪽 | 오른쪽 | 왼쪽 |

[기준에 맞는 그림]

1 다음 그림을 카드 요정의 기준에 따라 나누려고 합니다. 요정의 기준에 맞는 그림은 ○표, 맞지 않는 그림은 ✕표 하시오.

> 기준!
> 모양이 같도록 그림을 반으로 나눌 수 있습니다.

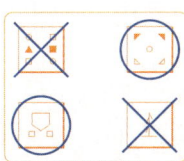

[바뀐 그림]

2 일정한 기준에 따라 왼쪽과 오른쪽으로 나누었습니다. 왼쪽 그림과 오른쪽 그림 중에서 한 개씩 서로 바뀌었다고 할 때, 바뀐 그림을 모두 찾아 ○표 하시오.

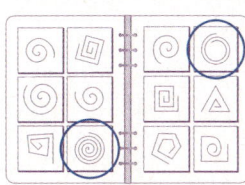

> 시계 방향으로 돌리고~ 시계 반대 방향으로 돌리고~

🐌 문자 봉가드

문자와 숫자, 기호를 사용하여 봉가드 문제를 만들어 보려고 합니다. 다음 기준에 따라 주어진 카드를 왼쪽, 오른쪽으로 나누어 놓으시오.

기준	선과 선이 만나는 점이 있으면 왼쪽, 없으면 오른쪽

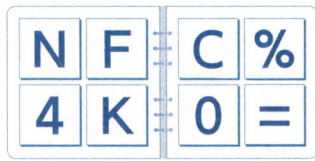

선과 선이 만난다고?	곧은 선이 만나는 카드가 있을 거야.

14
15

[알파벳]

1 다음 알파벳들을 왼쪽과 오른쪽으로 나눈 기준으로 알맞은 것을 고르시오. ⓒ

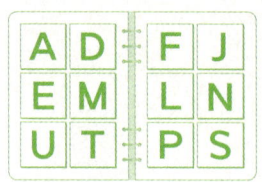

ⓐ 글자에 곡선이 있습니다.
ⓑ 글자를 쓸 때 연필을 떼지 않고 한 번에 쓸 수 있습니다.
ⓒ 가로나 세로로 선을 그으면 접었을 때 모양이 같습니다.
ⓓ 뒤집어 보아도 같은 글자입니다.
ⓔ 글자에 구멍이 있습니다.

[카드 나누기]

2 기준에 따라 주어진 카드를 나눈 다음, 아인이는 왼쪽, 초이는 오른쪽 카드를 갖는다고 합니다. 다음 카드 중 아인이가 가지는 카드에 ◯표, 초이가 가지는 카드에 △표 하시오.

기준	알파벳의 오른쪽에 거울을 비추어 보았을 때 같은 알파벳인 것은 왼쪽, 아닌 것은 오른쪽

---

② 매트릭스 유비추론

16
17

초이와 태경이가 각자 자신이 만든 패턴을 아인이에게 설명하고 있습니다.

아인이는 초이와 태경이가 만든 패턴을 합쳐서 가로, 세로가 각각 3줄씩 있는 패턴을 만들었습니다. 빈 곳에 알맞은 그림을 그려 보시오.

가로, 세로 규칙을 보고, 빈 곳에 알맞은 그림을 그려 넣으시오.

가로 규칙: 가로로 한 줄씩 늘어납니다.
세로 규칙: 세로로 한 줄씩 늘어납니다.

🧙 토크 포인트

매트릭스 유비추론은 표의 빈 곳을 가로, 세로에 놓인 모양이나 단어의 관계를 보고 추리하는 것을 이야기합니다.

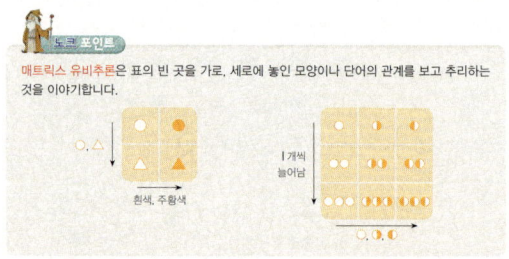

🎯 도형 매트릭스

다음 도형 매트릭스의 빈 곳에 알맞은 그림을 알아봅시다.

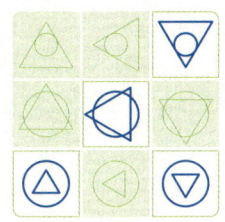

복잡하긴 한데……. 원과 삼각형을 따로 나누어서 규칙을 찾아봐야겠군.

❶ 위 매트릭스에서 삼각형과 원을 따로 그려서 매트릭스를 만들었습니다. 빈칸에 알맞은 그림을 그리시오.

 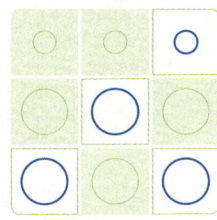

삼각형의 회전 방향과 회전의 정도를 생각합니다.

❷ ❶의 삼각형과 원을 겹쳐 그려서 문제의 매트릭스를 완성하시오.

[매트릭스 패턴]
1 매트릭스 패턴의 규칙에 맞게 빈 곳에 알맞은 그림을 그려 넣으시오.

모양, 색깔, 개수의 규칙을 모두 찾았을까?

[회전 매트릭스]
2 회전하는 매트릭스 패턴의 규칙에 맞게 빈 곳을 알맞게 색칠하시오.

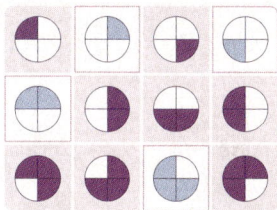

🎴 카드 매트릭스

일정한 규칙에 따라 카드를 나열한 다음, 두 장의 카드를 뒤집었습니다. 다음 카드에서 A는 1을 나타낸다고 할 때, 뒤집어 놓은 카드는 무엇인지 알아봅시다.

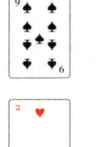  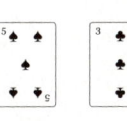 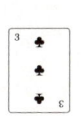 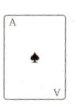

❶ 두 번째 가로줄에 놓인 카드의 수가 다음과 같습니다. 규칙을 찾아 □ 안에 알맞은 수를 써넣으시오.

2 [4] 6 8 [10]

❷ 규칙적으로 놓은 카드의 모양이 다음과 같습니다. □ 안에 알맞은 모양을 그려 넣으시오.

❸ 뒤집어 놓은 카드의 숫자와 모양을 □ 안에 각각 쓰시오.

 숫자: [4]   모양: ◆

 숫자: [10]   모양: ♥

[카드 찾기]
1 일정한 규칙에 따라 오른쪽과 같이 카드를 나열하였습니다. 다음 중 뒤집어진 두 장의 카드를 모두 골라 ○표 하시오.

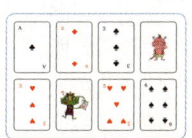

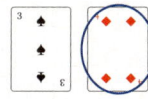 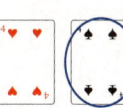 

숫자와 모양이 변하는 규칙을 찾고 있을까?

[같은 규칙]
2 보기와 같은 규칙으로 놓여진 한 모둠의 카드가 있습니다. 뒤집어진 카드에 들어갈 알맞은 숫자와 모양을 구하시오.

보기

숫자: [3], 모양: ♥

① 대각선에 놓인 카드의 수가 같습니다.
② 보기와 비교하여 각 위치에 놓인 카드의 모양을 찾습니다.

3 관계 유비추론

지오네 반 학급 게시판에는 '우리 가족 사랑해요' 코너가 있습니다. 지오는 부모님의 결혼 사진을 게시판에 붙이면서 친구들에게 문제를 냈습니다.

별 스티커가 붙은 사람은 누구인지 쓰시오.

고모   작은이모부

초이: 고모는 아빠의 여자 형제를 말해. 고모의 남편을 고모부라고 해.

지오: 작은이모의 남편을 작은이모부라고 해.

22 B6 규칙

주어진 두 단어의 관계와 다른 하나를 고르시오. ㉤

나라 – 대한민국

㉠ 동물 – 고양이   ㉡ 책 – 잡지   ㉢ 음료수 – 커피
㉣ 과일 – 복숭아   ㉤ 세탁기 – 빨래

오른쪽 그림의 관계가 왼쪽 그림의 관계와 같을 때, 빈 곳에 올 그림을 한글로 써 보시오.

여름 겨울 계절   튤립 장미 꽃

노크 포인트

① 단어 유비추론.
엄마 아빠 ↔ 할머니 할아버지

② 수 유비추론.
3–6 1–2 5–10 4–☐
앞의 수의 2배가 뒤의 수가 되는 관계이므로 ☐ 안의 수는 8입니다.

③ 도형 유비추론.
◇ : ◇ ↔ ○ : ☐
두 도형의 안과 밖이 서로 반대가 되는 관계이므로 ☐ 안의 모양은 △ 입니다.

Chapter 1 유비추론 23

수들의 관계

장난 요괴가 수 사이의 관계가 모두 같도록 다음과 같이 수 카드를 놓았습니다.

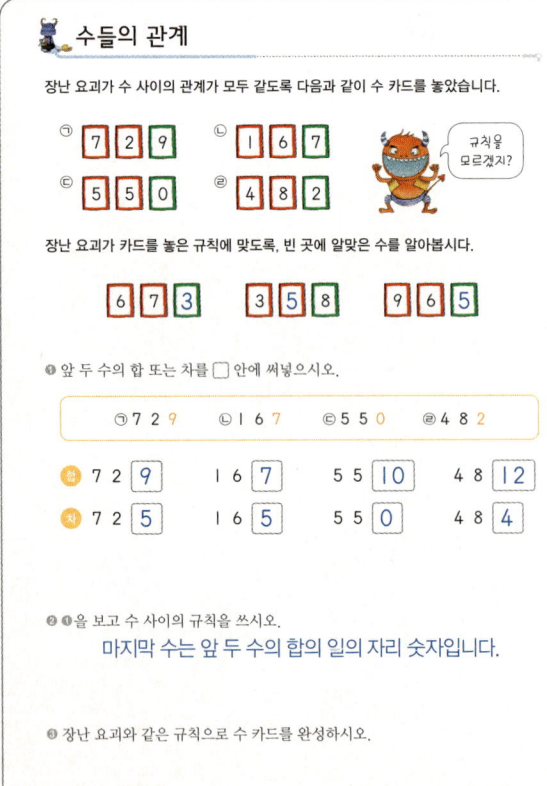

㉠ 7 2 9   ㉡ 1 6 7
㉢ 5 5 0   ㉣ 4 8 2

규칙을 모르겠지?

장난 요괴가 카드를 놓은 규칙에 맞도록, 빈 곳에 알맞은 수를 알아봅시다.

6 7 3   3 5 8   9 6 5

❶ 앞 두 수의 합 또는 차를 ☐ 안에 써넣으시오.

㉠ 7 2 9	㉡ 1 6 7	㉢ 5 5 0	㉣ 4 8 2
합 7 2 9	1 6 7	5 5 10	4 8 12
차 7 2 5	1 6 5	5 5 0	4 8 4

❷ ❶을 보고 수 사이의 규칙을 쓰시오.
마지막 수는 앞 두 수의 합의 일의 자리 숫자입니다.

❸ 장난 요괴와 같은 규칙으로 수 카드를 완성하시오.

24 B6 규칙

[숫자의 규칙]

1 규칙에 따라 ☐ 안에 알맞은 수를 써넣으시오.

❶ 1–3   2–6
   3–9   4–12

❷ 8–4   6–3
   4–2   2–1

❶ 뒤의 수는 앞의 수의 3배입니다.
❷ 뒤의 수는 앞의 수의 반입니다.

[금고]

2 금고에 쓰여있는 수들은 가로로 보았을 때 일정한 규칙을 가지고 있습니다. 덧셈 또는 뺄셈을 사용하여 만든 규칙을 찾아 ★ 에 알맞은 수를 구하면 금고가 열립니다. 금고를 열어 보시오. 3

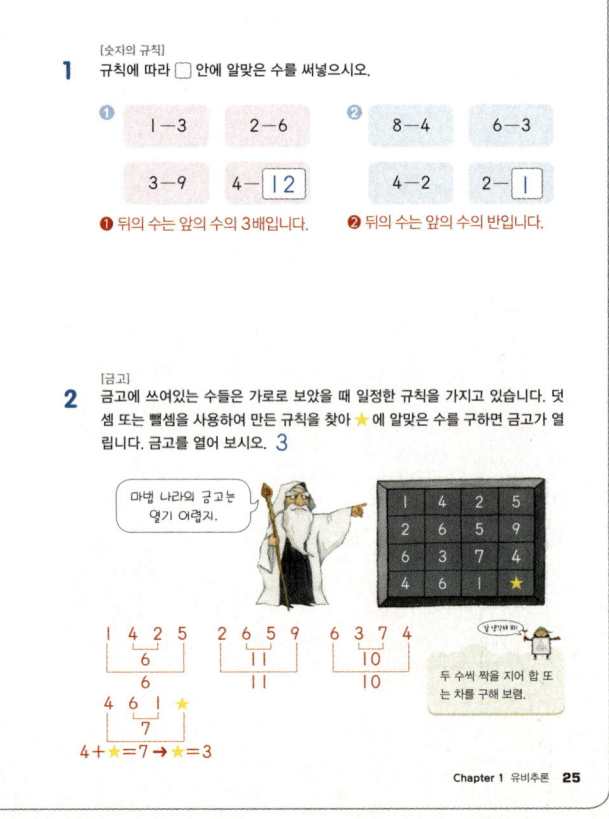

마법 나라의 금고는 열기 어렵지.

두 수씩 짝을 지어 합 또는 차를 구해 보렴.

1 4 2 5   2 6 5 9   6 3 7 4
  6   11   10
  6   11   10

4 6 1 ★
  7
4 + ★ = 7 → ★ = 3

Chapter 1 유비추론 25

🦉 도형들의 관계

26
27

다음을 보고 '＊'를 사용하여 정한 규칙을 찾아 빈 곳에 알맞은 그림을 알아봅시다.

그림을 더한 것 같기는 한데 뺀 것도 있어.

❶ ㉠, ㉡의 첫 번째 도형 위에 두 번째 도형을 빨간색 색연필로 그려 보시오.

㉠
첫 번째 도형　　세 번째 도형

㉡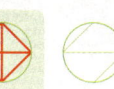
첫 번째 도형　　세 번째 도형

❷ ㉠, ㉡의 세 번째 도형과 ❶에서 그린 도형을 비교하였을 때, 없어져야 하는 선의 공통점은 무엇입니까?
앞의 두 도형을 그릴 때 겹쳐지는 선입니다.

❸ ▨ 안에 알맞은 모양을 그리시오.

26　B6 규칙

1 [도형]
㉠과 ㉡의 관계와 ㉢과 ㉣의 관계는 같습니다. 빈칸에 알맞은 도형을 그리시오.

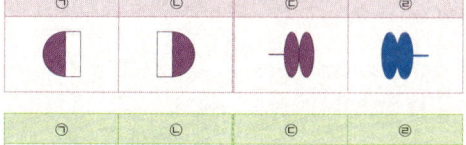

2 [도형의 덧셈과 뺄셈]
다음을 보고 규칙을 찾아 마지막 그림을 완성해 보시오.

앞 두 도형을 겹치고 세 번째 도형 안의 선과 모양을 지우는 규칙입니다.

Chapter 1 유비추론　27

👧 창의적 문제해결력

28
29

1 빈 곳에 들어갈 그림을 위에서부터 순서대로 나열한 것을 고르시오. **나**

가  나  다  라

겹쳐진 3개의 도형이 순서대로 가장 밖의 도형부터 가장 안쪽으로 놓이는 규칙입니다.

2 다음 규칙을 찾아 마지막 모양을 완성하시오.

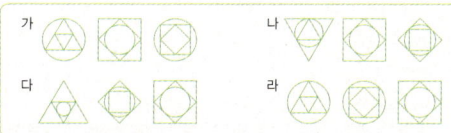

원의 바깥쪽 색망은 시계 방향(시계 반대 방향)으로 한 칸씩 회전하고, 원의 안쪽 색망은 시계 반대 방향으로 한 칸씩 회전합니다.

28　B6 규칙

3 카드를 놓은 규칙을 찾아, 뒤집어진 카드에 알맞은 것을 고르시오. **라**

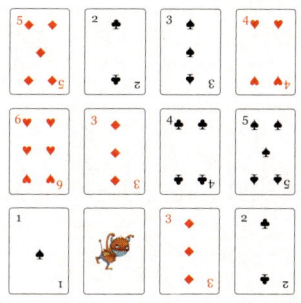

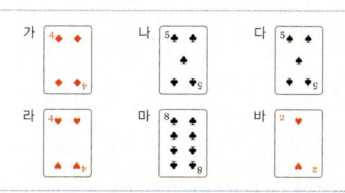

가로에 놓인 4장의 카드에는 ♥, ♦, ♣, ♠가 한 장씩 있습니다. 가로에 놓인 4장 중 앞 두 장과 뒤 두 장의 수의 합이 같습니다.

Chapter 1 유비추론　29

6　B6 규칙

32
33

④ 여러 가지 패턴

지오는 일정한 규칙에 따라 캔을 쌓고 있습니다. 지오는 한 층이 완성될 때마다 시계의 초바늘을 확인하여 나타내었습니다.

높이높이 쌓을 거야.

시작   지오

규칙에 따라 4층까지 쌓으려고 할 때, 지오에게 더 필요한 캔은 몇 개입니까?

4개

4층까지 완성했을 때 시계의 초바늘을 그려 넣으시오.

캔 하나를 쌓는 데 5초가 걸리므로 3층을 완성하고
5×4＝20(초) 후에 4층을 완성합니다.

위와 같은 규칙으로 캔 15개를 모두 쌓았습니다. 모양이 완성되었을 때 시계의 초바늘을 그려 넣으시오.

시작

32 B6 규칙

🟢 규칙을 찾아 빈 곳에 알맞은 그림을 그리시오.

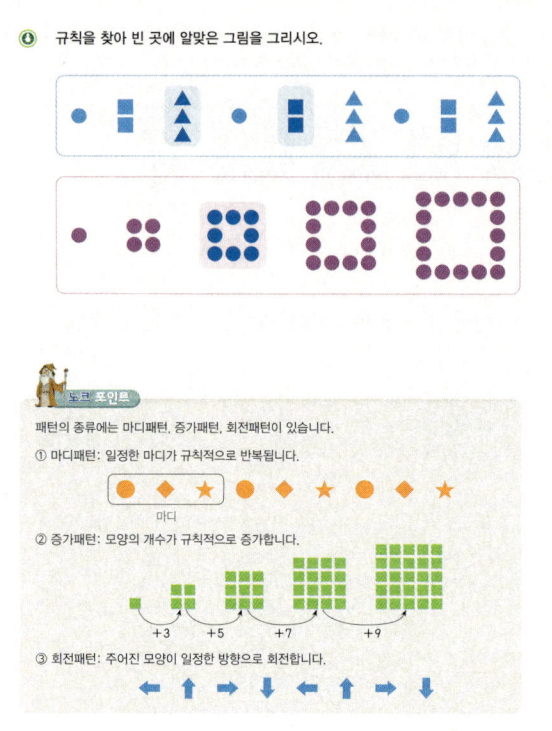

노크 포인트

패턴의 종류에는 마디패턴, 증가패턴, 회전패턴이 있습니다.
① 마디패턴: 일정한 마디가 규칙적으로 반복됩니다.

마디

② 증가패턴: 모양의 개수가 규칙적으로 증가합니다.

+3   +5   +7   +9

③ 회전패턴: 주어진 모양이 일정한 방향으로 회전합니다.

Chapter 2 패턴 **33**

34
35

🛡 돌아가는 패턴

전자레인지는 안에 있는 접시를 일정한 빠르기로 돌리며 음식을 데웁니다.

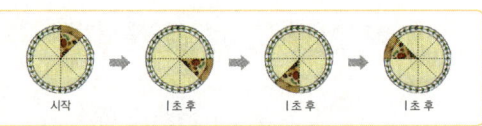

시작   1초 후   1초 후   1초 후

초이가 전자레인지에 넣은 피자 조각의 위치가 다음과 같을 때, 10초 후에 꺼낸 접시 위의 피자의 위치를 알아봅시다.

❶ 초이는 전자레인지를 보고 다음과 같이 규칙을 설명하였습니다. ◻ 안에 알맞은 수를 써넣으시오.

피자 조각이 1초마다 시계 방향으로 **2** 칸씩 이동해.
4 초마다 피자 조각이 같은 위치에 있어.

❷ 10초 후에 놓인 피자 조각의 위치는 **2** 초 후의 위치와 같으므로, 처음 위치에서 시계 방향으로 **4** 칸 이동한 것입니다. 피자 조각의 위치를 찾아 색칠하여 나타내시오.

34 B6 규칙

[점 찍기]
1 규칙을 찾아 마지막 모양에 ●를 그려 보시오.

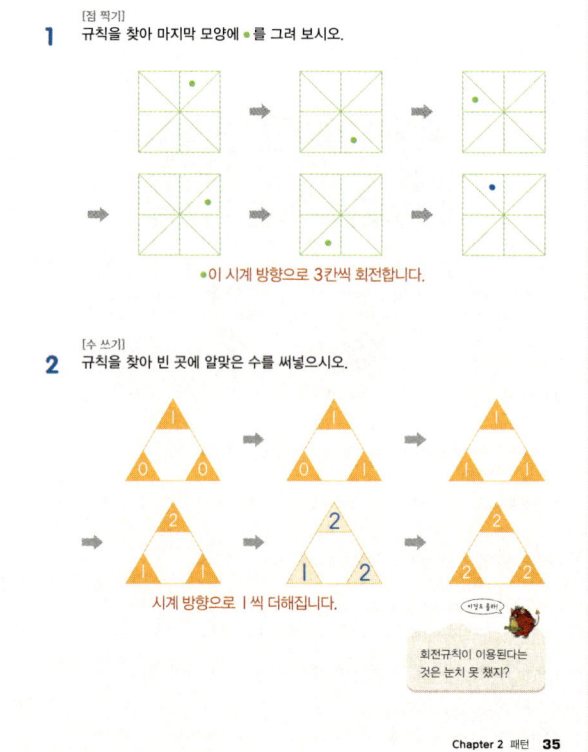

●이 시계 방향으로 3칸씩 회전합니다.

[수 쓰기]
2 규칙을 찾아 빈 곳에 알맞은 수를 써넣으시오.

시계 방향으로 1씩 더해집니다.

회전규칙이 이용된다는 것은 눈치 못 챘지?

Chapter 2 패턴 **35**

🌰 늘어나는 패턴

태경이는 일정한 규칙에 따라 다음과 같이 타일을 놓았습니다. 태경이가 일곱 번째 모양을 완성하는 데 필요한 각 타일의 개수를 알아봅시다.

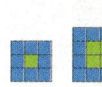  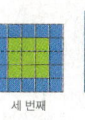 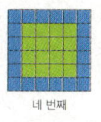

첫 번째 두 번째 세 번째 네 번째

타일이 몇 개나 있어야 할까?

❶ 위의 그림을 보고 초록색 타일의 개수와 파란색 타일의 개수를 수와 식으로 표에 나타내어 보시오.

순서	첫 번째	두 번째	세 번째	네 번째
초록색 타일	1	4	9	16
	1×1	2×2	3×3	4×4
파란색 타일	8	12	16	20
	2×4	3×4	4×4	5×4

❷ 일곱 번째 모양을 만드는 데 필요한 각 타일의 개수를 다음 식을 이용하여 구하시오.

초록색 타일: $7 \times 7 = 49$ (개)

파란색 타일: $8 \times 4 = 32$ (개)

[동전 놓기]

1 다음과 같은 규칙으로 동전을 놓으려고 합니다. 여덟 번째 동전의 개수는 모두 몇 개인지 구하시오. 36개

첫 번째 두 번째 세 번째 네 번째

첫 번째: 1
두 번째: 1+2
세 번째: 1+2+3

여덟 번째: 1+2+3+4+……+8=36(개)

[피자 자르기]

2 다음과 같은 규칙으로 피자를 나누려고 합니다. 네 번째 피자의 조각 수를 구하시오. 16개

첫 번째 두 번째 세 번째 네 번째

피자의 조각 수를 적어 보렴. 조각 수가 많아지는 규칙이 보이지?
2, 4, 8, ☐

---

⑤ 이중패턴

태경이는 아인이네 집 책꽂이에 있던 책 2권을 뽑아서 보고 있었습니다. 아인이는 태경이가 보고 있는 책이 어떤 종류의 책인지 보지 않고도 알 수 있다고 합니다.

책을 보지 않아도 어떤 책을 보고 있는지 아는 방법이 있지~

설마 책이 어디 꽂혀 있는지 다 외우고 있는 건 아니겠지?

아인 태경

왼쪽부터 책의 종류를 권 수에 상관없이 종류별로 써 보시오.

동화책 → 그림책 → 만화책 → 동화책 → 그림책 → 만화책

왼쪽부터 책의 종류별로 몇 권씩 있는지 순서대로 써 보시오.

1 - 2 - 1 - 2 - 1 - 2

태경이가 뽑은 책의 종류를 왼쪽부터 차례로 쓰시오. 동화책, 그림책

---

❶ ？에 알맞은 옷을 골라 ○표 하시오.

규칙 ① 반팔티와 반바지가 번갈아 가며 걸려 있습니다.
② 노란색, 초록색, 파란색, 빨간색, 주황색이 반복됩니다.

❷ 규칙에 따라 ▨ 안에 알맞은 모양을 그려 넣으시오.

개수 규칙과 모양 규칙을 모두 생각해야 해.

규칙 ① ○, □가 반복됩니다.
② 모양의 개수는 1개, 2개, 3개가 반복됩니다.

🐱 노크 포인트

두 종류의 패턴이 동시에 나타나는 것을 이중패턴이라고 합니다.

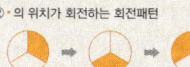

① •의 개수가 증가하는 증가패턴   ② •의 위치가 회전하는 회전패턴

8   B6 규칙

증가 회전 규칙

|부터 8까지 수가 적힌 두더지가 다음과 같이 일정한 규칙에 따라 나옵니다. 다섯 번째 나오는 두더지에 적힌 수의 합을 알아봅시다.

첫 번째　　　　두 번째　　　　세 번째

❶ 네 번째와 다섯 번째에 나오는 두더지는 각각 몇 마리입니까?

4마리, 5마리

나오는 두더지의 수가 한 마리씩 많아지므로 네 번째에는 4마리,
다섯 번째에는 5마리가 나옵니다.

❷ 네 번째와 다섯 번째에 두더지가 나올 구멍을 찾아 모두 색칠하시오.

네 번째　　　　　　다섯 번째

❸ 다음 식을 완성하여 다섯 번째 나올 두더지에 적힌 수의 합을 구하시오.

$$\boxed{3}+\boxed{4}+\boxed{5}+\boxed{6}+\boxed{7}=\boxed{25}$$

[점점 빠른 회전]

1 규칙을 찾아 다섯 번째 모양을 완성하시오.

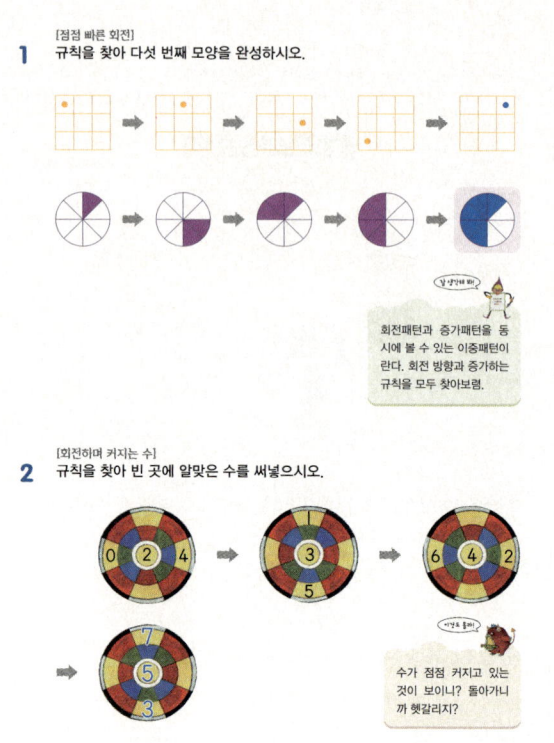

회전패턴과 증가패턴을 동시에 볼 수 있는 이중패턴이란다. 회전 방향과 증가하는 규칙을 모두 찾아보렴.

[회전하며 커지는 수]

2 규칙을 찾아 빈 곳에 알맞은 수를 써넣으시오.

수가 점점 커지고 있는 것이 보이니? 돌아가니까 헷갈리지?

이중 회전 규칙

다음 패턴은 이중으로 회전하는 규칙을 사용하여 만든 것입니다. 네 번째에 올 모양을 알아봅시다.

  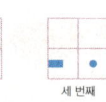 

첫 번째　　두 번째　　세 번째　　네 번째

❶ 오른쪽 그림을 보고 ●가 칸을 이동하는 규칙을 설명하시오.

시계 반대 방향으로 |칸씩 회전합니다.

❷ 오른쪽 그림을 보고 ■가 칸을 이동하는 규칙을 설명하시오.

시계 방향으로 |칸씩 회전합니다.

❸ 작은 □ 안에서 ■가 다음과 같이 일정한 방향으로 회전하고 있습니다. 네 번째에 올 모양을 그려 보시오.

첫 번째　　두 번째　　세 번째　　네 번째

❹ 네 번째 모양을 완성하시오.

[식탁의 자리]

1 아인이와 초이가 다음과 같은 6인용 식탁에 일정한 규칙에 따라 매일 자리를 바꾸어 가며 앉기로 하였습니다. |0일째 되는 날 아인이와 초이가 앉게 되는 자리를 찾아 이름을 쓰시오.

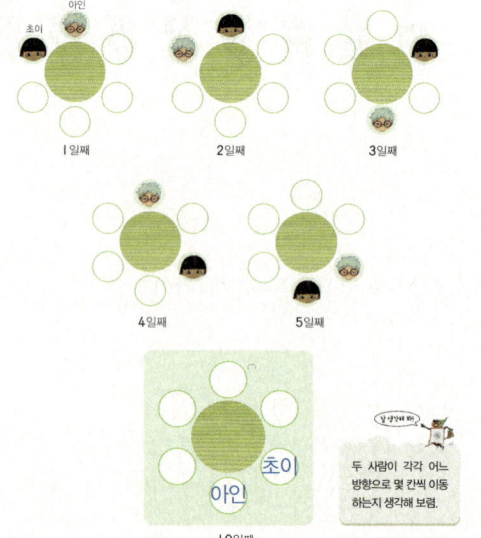

|일째　　　　2일째　　　　3일째

4일째　　　　5일째

|0일째

두 사람이 각각 어느 방향으로 몇 칸씩 이동하는지 생각해 보렴.

초이는 시계 방향으로 |칸씩, 아인이는 시계 반대 방향으로 |칸, 2칸, 3칸, 4칸 ……씩 자리를 바꿉니다.

⑥ 몇 번째

지오네 반에는 친구들에게 우유를 나누어주는 우유 당번이 있습니다. 우유 당번은 첫 번째 주 월요일부터 시작하여 매일 한 명씩 번호 순서대로 당번을 합니다.

난 1번이야. 1일 월요일에 우유 당번이지.

나는 25번이야. 나는 어느 요일에 당번이지?

나는 8번~ 수요일에 우유 당번이야.

일	월	화	수	목	금	토
	1	2	3	4	5	6
7	8	9	10	11	12	13
14	15	16	17	18	19	20
21						

금요일에 우유 당번을 하는 학생들의 번호를 차례로 쓴 것입니다. ☐ 안에 알맞은 수를 쓰시오.

5, 10, 15, 20, 25

지오가 우유 당번을 하는 날은 무슨 요일입니까? 금요일

---

❶ 다음 규칙을 찾아 열 번째에 올 모양을 나타내시오.

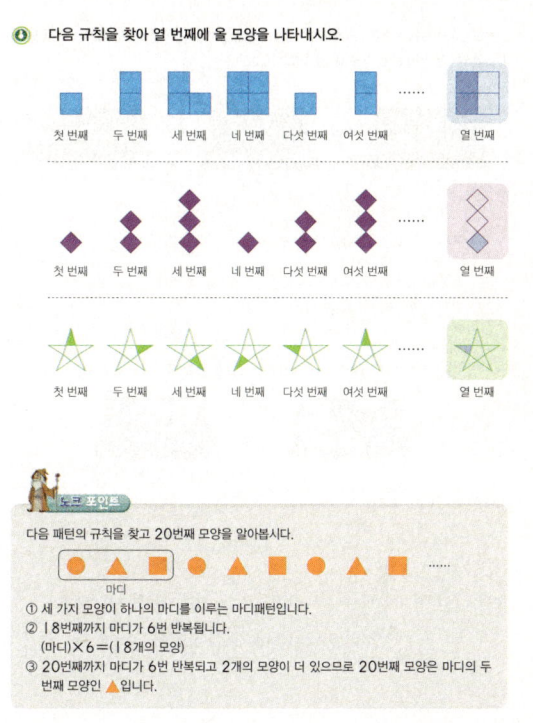

첫 번째 두 번째 세 번째 네 번째 다섯 번째 여섯 번째 …… 열 번째

첫 번째 두 번째 세 번째 네 번째 다섯 번째 여섯 번째 …… 열 번째

첫 번째 두 번째 세 번째 네 번째 다섯 번째 여섯 번째 …… 열 번째

토크 포인트

다음 패턴의 규칙을 찾고 20번째 모양을 알아봅시다.

● ▲ ■ ● ▲ ■ ● ▲ ■ ……
마디

① 세 가지 모양이 하나의 마디를 이루는 마디패턴입니다.
② 18번째까지 마디가 6번 반복됩니다.
   (마디)×6=(18개의 모양)
③ 20번째까지 마디가 6번 반복되고 2개의 모양이 더 있으므로 20번째 모양은 마디의 두 번째 모양인 ▲입니다.

증가 마디패턴

지오는 다음과 같은 규칙으로 꽃을 꽃병에 꽂고 있습니다. 14번째 꽃병의 색깔과 꽃의 수를 알아봅시다.

첫 번째 두 번째 세 번째 네 번째 다섯 번째 여섯 번째 일곱 번째 여덟 번째

❶ 꽃병의 색깔을 보고, 반복되는 마디를 쓰시오.

노란색, 파란색, 보라색, 빨간색

❷ 꽃병은 4개씩 한 마디를 이룹니다. 14번째 꽃병의 색깔을 쓰시오. 파란색

4×3=12이므로 마디가 3번 반복되고 나서 13번째부터 새로운 마디가 시작되는 거란다.

❸ 꽃의 수를 차례대로 쓰고, 반복되는 마디를 찾아 나타내시오.

1 3 2 1 3 2 1 3
마디

❹ 14번째 꽃병에 꽂힌 꽃은 몇 송이인지 쓰시오. 3송이

3×4=12이므로 마디가 4번 반복되고 나서 13번째부터 새로운 마디가 시작됩니다. 13번째: 1송이, 14번째: 3송이

[접시와 사과]

1 다음과 같은 규칙으로 사과가 놓여있습니다. 17번째 접시의 색깔과 사과의 개수를 각각 구하시오. 파란색, 3개

첫 번째 두 번째 세 번째 네 번째 다섯 번째 여섯 번째

접시의 색깔: 3×5=15
16번째부터 새로운 마디가 시작되므로 파란색
사과의 개수: 2×8=16
17번째부터 새로운 마디가 시작되므로 3개

(개수) 3, 2, 3, 2 ……
(접시) 노란색, 파란색, 빨간색 ……

[25번째 로봇]

2 다음과 같이 로봇 그림을 그릴 때 25번째 로봇을 그려 보시오.

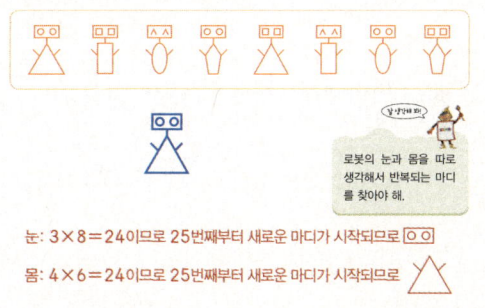

로봇의 눈과 몸을 따로 생각해서 반복되는 마디를 찾아야 해.

눈: 3×8=24이므로 25번째부터 새로운 마디가 시작되므로 ⊙⊙

몸: 4×6=24이므로 25번째부터 새로운 마디가 시작되므로 △

🌰 회전 마디패턴

수학 요정이 다음과 같은 패턴을 만들었습니다. 요정의 마법에 의해 공은 계속 회전하고, 수는 점점 커집니다. 38번째에 올 모양을 찾아 알맞은 수를 쓰시오.

내가 만든 패턴의 규칙을 찾아봐.

❶ 위의 패턴에서 공의 모양을 보고 반복되는 마디를 찾아 ◯로 묶으시오.

❷ 공 안의 수가 변하는 규칙을 쓰시오.

공이 한 바퀴를 돌면 수가 1씩 커집니다.

❸ 위 ☐ 안의 모양 중 알맞은 것을 찾아 38번째 모양을 완성하시오.

48 B6 규칙

[30번째 모양]

1 다음 패턴의 30번째 모양을 완성하시오.

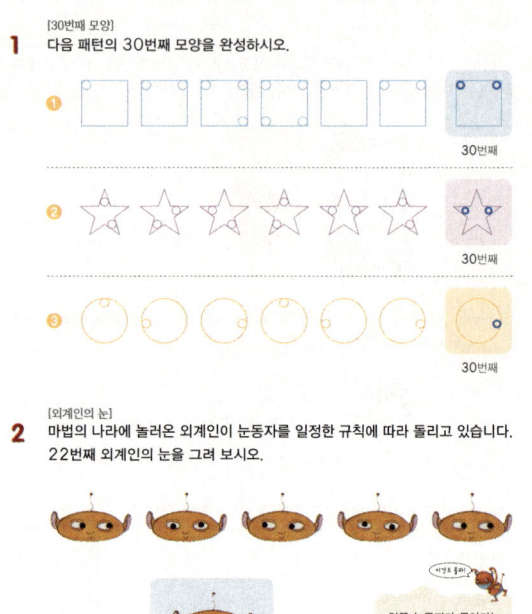

30번째

30번째

30번째

[외계인의 눈]

2 마법의 나라에 놀러온 외계인이 눈동자를 일정한 규칙에 따라 돌리고 있습니다. 22번째 외계인의 눈을 그려 보시오.

22번째

양쪽 눈동자가 돌아가는 규칙이 각각 다르더군.

왼쪽 눈동자: →, ↓, ←, ↑   오른쪽 눈동자: →, ↑, ←, ↓
4×5＝20이므로 21번째부터 새로운 마디가 시작됩니다.
왼쪽 눈동자는 ↓, 오른쪽 눈동자는 ↑입니다.

Chapter 2 패턴 49

🌾 창의적 문제해결력

1 규칙을 찾아 네 번째 모양을 알맞게 색칠하시오.

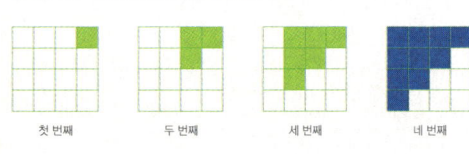

첫 번째   두 번째   세 번째   네 번째

2 태경이는 다음과 같은 규칙에 따라 다트판을 맞히고 있습니다. 태경이가 다트를 모두 10번 던졌다고 할 때, 마지막에 맞힌 다트판의 점수를 구하시오. **5점**

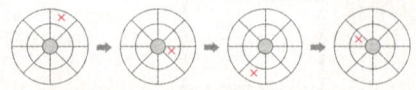

4×2＝8이므로 9번 던졌을 때부터 새로운 마디가 시작되므로 10번째 던진 것은 2번째 던진 것과 같습니다.

50 B6 규칙

🎥 동영상 특강
QR 코드를 찍어 보세요!

3 규칙을 찾아 여섯 번째 모양을 완성하여 보시오.

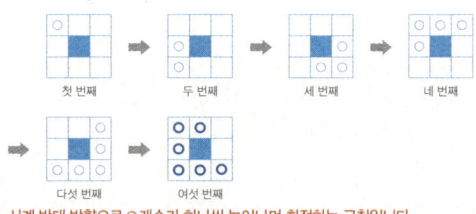

첫 번째   두 번째   세 번째   네 번째

다섯 번째   여섯 번째

시계 반대 방향으로 ○개수가 하나씩 늘어나며 회전하는 규칙입니다.

4 규칙에 맞게 ☐ 안에 20번째 모양을 그려 보시오.

20번째

① 모양 : ◯, △가 반복 ➡ 20번째 모양은 △
② 회전 : ◯에서는 •가 시계 반대 방향으로 2칸씩 회전
        △에서는 •가 시계 반대 방향으로 1칸씩 회전

Chapter 2 패턴 51

규칙 찾기

⑦ 숫자 암호

어느 날 오후 태경이는 아인이에게 문자 메시지를 받았습니다. 태경이의 휴대 전화를 본 어머니는 아인이가 보낸 문자 메시지의 뜻이 궁금했습니다.

친구
팡이오삼
공공이칠
'친구 빨리 오삼' 까지는 알겠는데 '공공이칠'은 무슨 뜻일까?

어머니

아인이와 함께 방과 후 학습을 하는 태경이는 처음에는 모르는 척했지만, 결국 무슨 뜻인지 말씀드리고 말았습니다.

앞부분은 어머니 생각이 맞아요. 0027은 "땡땡이칠까?" 하고 물어본 거예요.

태경

방과 후 학습이 끝나고 운동장에서 놀고 있는 태경이는 어머니께서 보내신 문자 메시지를 받았습니다. 어머니께서 보내신 문자 메시지는 무슨 뜻일까요? 이만 오오

① 다음 숫자 암호의 의미를 아래에서 찾아 ☐ 안에 알맞은 기호를 써넣으시오.

㉠	㉡	㉢	㉣
친한 사이	많이	열렬히 사모해	일찍 오세요

7142: ㉠   1010235: ㉢

17535: ㉣   10002: ㉡

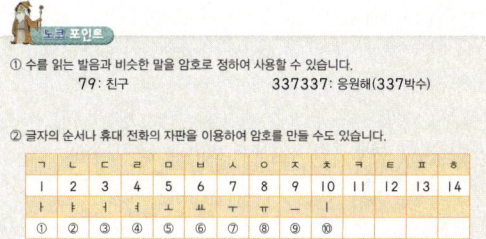

노트 포인트

① 수를 읽는 발음과 비슷한 말을 암호로 정하여 사용할 수 있습니다.

79: 친구   337337: 응원해(337박수)

② 글자의 순서나 휴대 전화의 자판을 이용하여 암호를 만들 수도 있습니다.

ㄱ	ㄴ	ㄷ	ㄹ	ㅁ	ㅂ	ㅅ	ㅇ	ㅈ	ㅊ	ㅋ	ㅌ	ㅍ	ㅎ
1	2	3	4	5	6	7	8	9	10	11	12	13	14
ㅏ	ㅑ	ㅓ	ㅕ	ㅗ	ㅛ	ㅜ	ㅠ	ㅡ	ㅣ				
①	②	③	④	⑤	⑥	⑦	⑧	⑨	⑩				

7⑦6①1 수박   1⑤8 공   10⑩21⑦ 친구

☎ 전화 암호

휴대 전화의 자판을 누르면 글자를 나타낼 수 있습니다. 아래의 자판을 다음과 같이 눌렀을 때 화면에 나타난 글자입니다.

누른 버튼	430227062 73553
화면에 나타난 글	다음에 만나

❶ '음'을 쓸 때 눌러야 하는 버튼을 차례로 쓰시오.

0227

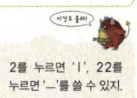
2를 누르면 'ㅣ', 22를 누르면 'ㅡ'를 쓸 수 있지.

❷ ㅣ을 연속하여 세 번 누르면 'ㄲ'가 나옵니다. 8을 연속하여 세 번 누르면 어떤 글자가 나올까요? ㅃ

❸ 다음 글을 나타내기 위해서 눌러야 하는 버튼을 차례로 쓰시오.

우리 가족: 0#552 13*91

빨리 와: 888355552 093

[수와 기호]

1 다음 표를 보고, 수와 기호로 나타낸 단어를 한글로 써 보시오.

ㄱ	ㄴ	ㄷ	ㄹ	ㅁ	ㅂ	ㅅ	ㅇ	ㅈ	ㅊ	ㅋ	ㅌ	ㅍ	ㅎ
1	2	3	4	5	6	7	8	9	10	11	12	13	14
ㅏ	ㅑ	ㅓ	ㅕ	ㅗ	ㅛ	ㅜ	ㅠ	ㅡ	ㅣ				
①	②	③	④	⑤	⑥	⑦	⑧	⑨	⑩				

5 ① 8 l ⑮	7 ⑦ 14 ① l
망고	수학

[답장]

2 다음은 초이가 지오에게 문자를 보낼 때 누른 버튼의 순서입니다. 지오의 답장 문자의 내용으로 알맞은 것을 고르시오. ㉢

02161 412535
9320010122?

1	2 ABC	3 DEF
4 GHI	5 JKL	6 MNO
7 PRS	8 TUV	9 WXY
*	0	#

㉠ 지금은 여섯 시야.
㉡ 너무 배불러.
㉢ 어머니가 말씀하셨어.
㉣ 날씨가 너무 추워.
㉤ 집에 가고 있어.

21은 'ㅓ', 122는 'ㅏ'라는 건 알까?

02161 412535 9320010122?
어디   가는   중이야?

🦫 영어 암호

영어 단어를 암호로 나타낸 것을 보고, 주어진 암호를 해독하여 봅시다.

MAN: 14-2-15
(사람)

ZEBRA: 27-6-3-19-2
(얼룩말)

| 암호 | 10 | 13-10-12-6 | 2-17-17-13-6 |

❶ 위의 암호로 나타낸 영어 단어를 보고 M은 14, A는 2인 것을 알 수 있습니다. 각 알파벳이 나타내는 수를 찾아 다음 표를 완성하시오.

알파벳	A	B	C	D	E	F	G	H	I	J	K	L	M
숫자	2	3	4	5	6	7	8	9	10	11	12	13	14
알파벳	N	O	P	Q	R	S	T	U	V	W	X	Y	Z
숫자	15	16	17	18	19	20	21	22	23	24	25	26	27

❷ 동물원을 뜻하는 영어 단어인 ZOO를 암호로 나타내어 보시오.
27-16-16

❸ 암호를 해독하여 영어로 나타내시오. I LIKE APPLE

각 수가 나타내는 알파벳을 차례로 적어 보렴.

[암호 해독]

1 주어진 표를 이용하여 암호를 해독하거나 만들어 보시오.

알파벳	A	B	C	D	E	F	G	H	I	J	K	L	M
숫자	1	2	3	4	5	6	7	8	9	10	11	12	13
알파벳	N	O	P	Q	R	S	T	U	V	W	X	Y	Z
숫자	14	15	16	17	18	19	20	21	22	23	24	25	26

| 8-15-16-5 | 2-1-14-1-14-1 |
| HOPE | BANANA |

| SEOUL |
| 19-5-15-21-12 |

[영어, 한글]

2 아인이는 잘못하여 한글 대신 영어로 컴퓨터에 입력을 하였습니다. 다음 버튼을 보고 아인이가 처음 입력하려고 했던 말은 무엇인지 쓰시오.

VLWK GKS WHRKR
피자 한 조각

---

8 여러 가지 약속

컴퓨터는 선택하여 실행시키는 명령을 다음과 같이 그림단추로 만들어 놓았습니다. 그림단추를 영어로 아이콘(Icon)이라고 합니다.

새 작업　문서 열기　동영상　소리　찾기

확대/축소　인쇄　저장

아이콘처럼 의미를 알아보기 쉽게 그림으로 나타낸 것을 픽토그램이라고 한단다.

다른 이름으로 저장　계산기

교통 표지판은 컴퓨터의 아이콘처럼 그림으로 의미를 전달할 수 있습니다. 다음은 무엇을 나타내는 표지판인지 쓰시오.

자전거가 다니면 안 됩니다.

공사 중입니다.

🔵 다음 그림이 나타내는 약속의 의미를 찾아 선으로 이으시오.

사진 촬영이 금지되어 있음을 알려주는 표지판

음식물 반입이 금지되어 있음을 알려주는 표지판

화장실의 위치를 알려주는 표지판

횡단보도가 있음을 알려주는 표지판

과속 방지턱이 있음을 알려주는 표지판

🧙 노코 포인트

아주 옛날 사람들이 의미를 전달하기 위해 그린 그림을 그림문자라고 합니다. 그림문자는 글자를 만드는 기초가 되어 한자와 같이 사물을 흉내낸 글자로 발전하게 됩니다.

➡ 山

이와 같이 그림은 사물이나 의미를 나타낼 수 있습니다.

그림으로 여러 가지 약속을 나타낼 수도 있습니다.

3　5　➡　8
두 도형이 겹치는 곳에 두 수의 합을 씁니다.

약속에 맞게 그리기

A, B, C, D, E, F는 음표의 모양(♪, ♫), 개수(2개, 3개), 샵(♯)과 플랫(♭)의 조건 중 하나를 나타냅니다.

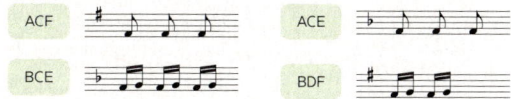

❶ A, B, C, D, E, F가 의미하는 약속을 찾아 선으로 이으시오.

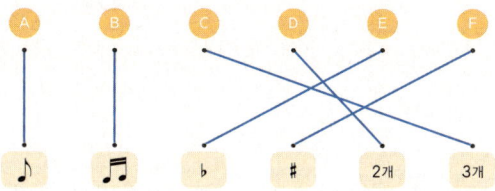

❷ 다음 악보를 보고 약속에 맞게 A, B, C, D, E, F를 쓰시오.

❸ 약속에 따라 ADF가 나타내는 것을 그려 보시오.

[모양, 색깔, 수]
1 가, 나, 다, 라, 마, 바가 모양(🖤, 🙂), 색깔(파란색, 노란색), 개수(3개, 4개)의 조건 중 하나를 나타냅니다. 다음을 보고 규칙을 찾아 '가라바'가 나타내는 것을 그리시오.

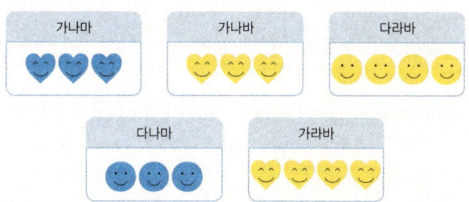

가: 🖤   나: 3개   다: 🙂   라: 4개   마: 파란색   바: 노란색

[색칠하기]
2 약속 의 규칙에 따라 다음 모양을 알맞게 색칠하시오.

약속

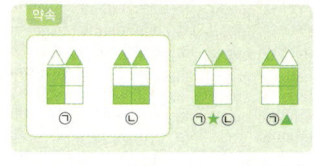

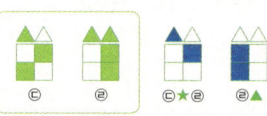   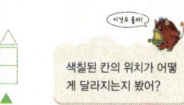

색칠된 칸의 위치가 어떻게 달라지는지 봤어?

★은 두 모양에서 색칠된 칸이 겹치는 부분만 색이 들어갑니다.
▲은 주어진 모양에서 색칠되지 않은 칸과 색칠된 칸이 바뀝니다.

삼원 색종이

수학 요정은 수가 쓰여진 3장의 마법 종이를 가지고 있습니다. 이 종이를 겹치면, 겹쳐지는 부분에 다른 수가 나타납니다.

마법의 종이야, 신기하지.

요정이 이 마법 종이를 다음과 같이 겹쳤을 때 겹쳐지는 부분에 나타나는 수를 구해 봅시다.

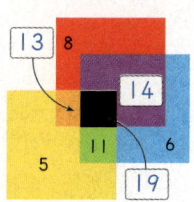

❶ 종이가 겹치는 부분에 들어가는 수의 규칙을 찾으시오.
겹치는 종이에 쓰인 수의 합이 들어갑니다.

8과 5와 13, 5와 6과 11의 규칙을 찾았을까?

❷ 겹치는 부분의 ☐ 안에 알맞은 수를 쓰시오.

세 장이 겹치는 부분과 두 장이 겹치는 부분을 찾아야 해.

[겹쳐진 원]
1 다음과 같이 겹쳐진 원의 규칙을 찾아 A, B, C가 나타내는 수를 각각 구하시오.

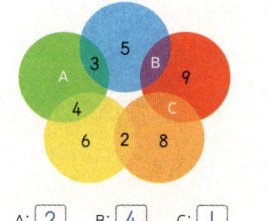

규칙을 찾았니?

A: 2   B: 4   C: 1

두 원에 쓰인 수의 차를 겹쳐진 부분에 씁니다.

[다른 도형, 다른 관계]
2 다음과 같이 색종이를 겹쳐놓았습니다. 겹쳐지는 부분의 수는 색종이에 적힌 수의 합입니다. ☐ 안에 알맞은 수를 써넣으시오.

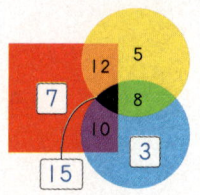

검은색 칸의 수는 세 가지 색종이에 쓰인 수의 합이야.

---

14   B6 규칙

9 수 배열의 규칙

지오, 태경, 초이가 아인이네 집에 초대 받았습니다. 세 친구는 처음 와 보는 아파트이지만 아인이가 적어준 주소를 보고 아인이네 아파트 앞까지 찾아왔습니다.

우리 집은 노크 아파트 114동 1103호야.

도착했어~

세 친구는 아인이가 사는 노크 아파트 114동 앞에 도착했습니다. 1층의 제일 왼쪽 집이 101호일 때, 그림에서 아인이네 집을 찾아 ◯표 하시오.

1103호에서 11은 층을 나타내고, 03은 왼쪽에서 세 번째 집이라는 거란다.

다음 공연장의 좌석에서 E구역 15번, G구역 20번 자리를 찾아 색칠하시오.

E구역 15번 자리네!

Screen

G구역 20번?

체크 포인트

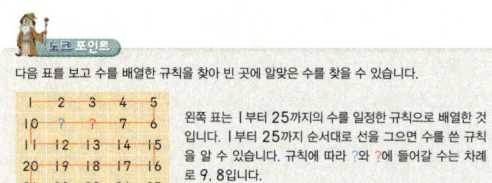

다음 표를 보고 수를 배열한 규칙을 찾아 빈 곳에 알맞은 수를 찾을 수 있습니다.

왼쪽 표는 1부터 25까지의 수를 일정한 규칙으로 배열한 것입니다. 1부터 25까지 순서대로 선을 그으면 수를 쓴 규칙을 알 수 있습니다. 규칙에 따라 ?와 ?에 들어갈 수는 차례로 9, 8입니다.

여러 가지 수 배열표

여러 가지 방법으로 수를 배열하였습니다. 규칙을 찾아 수 배열표를 완성해 봅시다.

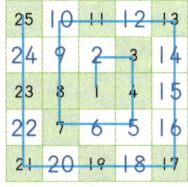

이 문제를 보니 회오리 바람이 생각나는군.

❶ 1과 3 사이의 빈칸에 2를 써넣으시오.

❷ 1부터 25까지 차례로 선으로 이으시오.

❸ 표의 빈칸에 ❷에서 그은 선을 따라 차례로 알맞은 수를 써넣으시오.

다음 수 배열표를 완성하시오.

1	4	5	16	17
2	3	6	15	18
9	8	7	14	19
10	11	12	13	20
25	24	23	22	21

1	2	6	7	15
3	5	8	14	16
4	9	13	17	22
10	12	18	21	23
11	19	20	24	25

[빙글빙글 수 배열]

1 규칙을 찾아 빈 곳에 알맞은 수를 써넣으시오.

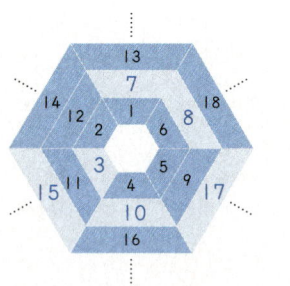

어느 쪽 방향으로 돌아가며 수가 놓여 있는지 확인하렴.

[삼각형 수 배열]

2 일정한 규칙에 따라 수를 배열한 것입니다. 색칠한 곳에 들어갈 수의 합을 구하시오. 128

수가 2씩 커집니다. 34+44+50=128

🦉 순환 배열

다음과 같이 손가락으로 수를 셀 때, 규칙을 찾아 30을 세는 손가락을 알아봅시다.

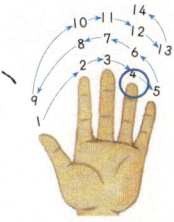

❶ 엄지손가락으로 세는 수를 차례로 써 보시오.

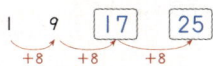

I → 9 → 17 → 25
  +8   +8   +8

❷ 25부터 29까지 세는 손가락 위에 수를 쓰시오.

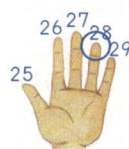

❸ 30을 세는 손가락 위에 ○표 하시오.

[수 세기 놀이]

1 지오, 아인, 초이, 태경이가 수 세기 놀이를 하고 있습니다. 태경이부터 시작하여 I부터 차례로 수를 말한다고 할 때, 32를 말하는 사람은 누구입니까? **초이**

숫자를 6개씩 묶어서 생각해보면 훨씬 간단하다는 거 몰랐지?

태경이가 말하는 수를 차례로 쓰면 I-7-13-19-25-31입니다.
따라서 32를 말하는 사람은 초이입니다.

[45번째 건반]

2 피아노 건반을 다음과 같이 규칙적으로 칠 때, 45번째 치게 되는 건반은 무엇입니까? **솔**

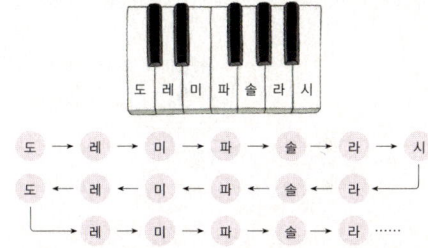

도 → 레 → 미 → 파 → 솔 → 라 → 시
도 ← 레 ← 미 ← 파 ← 솔 ← 라
     레 → 미 → 파 → 솔 → 라 ……

첫 번째를 ①, 두 번째를 ②라고 할 때, '도'를 치는 순서를 차례로 쓰면
①-⑬-㉕-㊲-㊾입니다. 따라서 45번째 치게 되는 건반은 '솔'입니다.

🧙 창의적 문제해결력

1 표의 규칙을 이용하여 글자를 나타내었을 때, 올바른 단어가 되지 않는 것을 고르시오. **㉣**

0	1	2	3	4
ㄱ	ㄷ	ㅁ	ㅈ	ㅇ
5	6	7	8	9
ㅏ	ㅓ	ㅣ	ㅗ	ㅜ

㉠ 0919
㉡ 2835
㉢ 46225
㉣ 3882
㉤ 18354

㉠ 구두 ㉡ 모자 ㉢ 엄마 ㉣ 도장

2 가위바위보 게임에서 가위는 7, 바위는 3, 보는 I로 나타낸다고 합니다. 가위바위보 놀이의 규칙을 이용하여 숫자를 채울 때, 빈 곳에 알맞은 수를 써넣으시오.

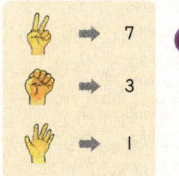 ➡ 7

✊ ➡ 3

🖐 ➡ 1

가위바위보 규칙을 이용하였으므로 위 두 수를 가위, 바위, 보로 바꾸어 놓았을 때 이기는 손의 모양을 나타내는 수를 아래에 씁니다.

 7 3 / 3

 7 1 / 7

 3 1 / 1

♥ 동영상 특강
QR 코드를 찍어 보세요!

3 수를 다음과 같이 써나갈 때, 42는 어느 알파벳 아래에 오게 됩니까? **B**

A	B	C	D	E	F	G
1		2		3		4
	7		6		5	
8		9		10		11
	14		13		12	
15		16		17		18

A 아래에 오는 수를 차례로 쓰면 I-8-15-22-29-36-43입니다.
따라서 42는 B 아래에 옵니다.

4 다음과 같이 배열하였을 때 꺾이는 곳의 수들은 일정한 규칙을 가지고 있습니다. 첫 번째로 꺾이는 곳의 수는 2, 두 번째로 꺾이는 곳은 4, 세 번째로 꺾이는 곳은 7일 때, 여덟 번째로 꺾이는 곳의 수를 구하시오. **37**

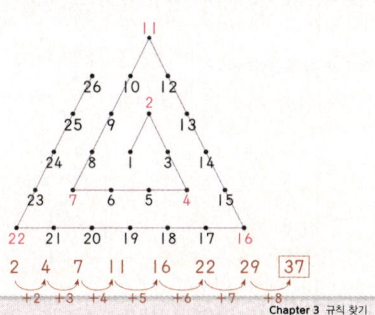

2 4 7 11 16 22 29 37
 +2 +3 +4 +5 +6 +7 +8

수열

10 수열

일주일 후에 있을 학교 수학 경시 대회의 공부 계획입니다.

매일 2쪽씩 늘려가
며 공부할 거야.
첫째 날 1쪽, 둘째 날
3쪽, 셋째 날 5쪽,
넷째 날 7쪽 ……

태경

매일 1쪽씩 더 많게 늘릴 거야.
첫째 날 1쪽, 둘째 날 2쪽 늘림),
셋째 날 4쪽(2쪽 늘림),
넷째 날 7쪽(3쪽 늘림) ……

지오

전날의 2배씩 공부
할 거야.
첫째 날 1쪽, 둘째 날
2쪽, 셋째 날 4쪽,
넷째 날 8쪽 ……

아인

공부 계획을 본 꼬마 요괴들이 누가 공부를 더 많이 할지 예상해 봅니다.

나잇째까지 공부하는 양이
태경이 16쪽, 지오 14쪽, 아
인이 15쪽이군. 이번에 태
경이가 큰 경심을 했나 봐.

난 아인이가 가
장 많이 할 거
라고 생각해.

다음은 태경, 지오, 아인이가 공부하는 양을 나타낸 표입니다. 표를 완성하고 가장 많이
공부한 사람은 누구인지 찾으시오. 단, 일요일은 공부하지 않습니다. **아인**

요일	월요일	화요일	수요일	목요일	금요일	토요일	합계
태경	1	3	5	7	9	11	36
지오	1	2	4	7	11	16	41
아인	1	2	4	8	16	32	63

다음 수열의 규칙을 찾고, 마지막 칸에 들어갈 수를 쓰시오.

노트 포인트

규칙적으로 늘어놓은 수의 배열을 **수열**이라고 합니다.

① 일정하게 커지는 수열

1 4 7 10 13 16 19 22 ……
 +3 +3 +3 +3 +3 +3 +3

② 곱셈을 이용한 수열

1 2 4 8 16 32 64 128 ……
 ×2 ×2 ×2 ×2 ×2 ×2 ×2

③ 커지는 수 규칙이 있는 수열: 커지는 수에서도 규칙을 찾을 수 있는 수열입니다.

1 2 5 10 17 26 37 50 ……
 +1 +3 +5 +7 +9 +11 +13

커지는 수

다음과 같이 일정한 규칙으로 나열된 수열이 있습니다. 수열의 규칙을 찾고, □ 안에
알맞은 수를 알아봅시다.

6 8 12 18 26 36 48

❶ □ 안에 위 두 수의 차를 써넣으시오.

6   8   12   18   26   36
  2   4   6   8   10
   2   2   2   2

❷ □ 안에 위 두 □ 안의 수의 차를 써넣으시오.

❸ 문제의 수열의 규칙을 설명하시오.

커지는 수가 2씩 커집니다.

❹ 문제의 수열의 □ 안에 알맞은 수를 써넣으시오.

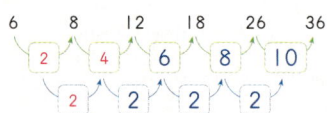

커지는 수를 찾아봐.
18 26 36 □
  8 10 □
   2 2

[열 번째 수]

1 일정한 규칙에 따라 수를 나열한 것입니다. 수열의 열 번째 수를 구하시오.

❶ 3 5 9 15 23 33 …… **93**
열 번째

커지는 수가 2씩 커집니다.

❷ 2 5 11 20 32 47 …… **137**
열 번째

커지는 수가 3씩 커집니다.

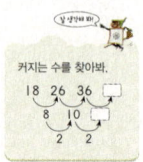

커지는 수가 점점 커지네. 커
지는 규칙을 찾을 수 있어?

[둥글게 규칙]

2 규칙을 찾아, 빈 곳에 알맞은 수를 써넣으시오.

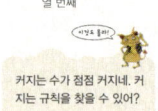

수를 차례로 적어 봐.
1, 5, 13, 25 ……
규칙이 보이지?

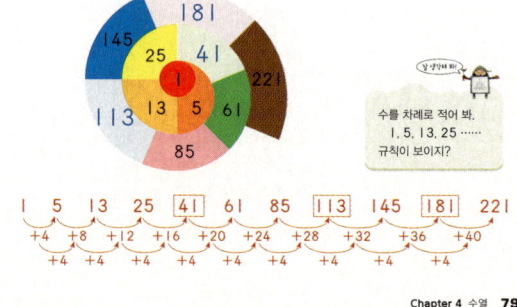

1 5 13 25 41 61 85 113 145 181 221
 +4 +8 +12 +16 +20 +24 +28 +32 +36 +40
 +4 +4 +4 +4 +4 +4 +4 +4 +4

폴짝폴짝 규칙

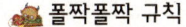

초록 개구리와 노란 개구리가 다음과 같이 폴짝폴짝 뛰어가고 있습니다.

❶ 초록 개구리가 뛰어간 곳의 수를 차례로 쓰고, 수의 규칙을 설명하시오.

1	2	4	8	16

규칙: 2씩 곱해집니다.

❷ 노란 개구리가 뛰어간 곳의 수를 차례로 쓰고, 수의 규칙을 설명하시오.

2	5	9	14	20

규칙: 커지는 수가 1씩 커집니다.

다음은 두 개구리가 폴짝폴짝 뛴 것과 같이 두 가지 규칙이 있는 수열입니다. 빈 곳에 알맞은 수를 써넣으시오.

[홀수, 짝수 번째]

1 홀수 번째 규칙과 짝수 번째 규칙이 다른 수열을 만들려고 합니다. 지오와 태경이의 규칙에 따라 수열을 완성하시오.

① 홀수 번째는 3씩 커지고, 짝수 번째는 5씩 작아져.

1	50	4	45	7	40	10	35	13	30

② 홀수 번째 커지는 수가 2씩 커져. 짝수 번째 커지는 수가 3씩 커져.

2	3	4	5	8	10	14	18	22	29

[누가 학교에 빨리 도착할까?]

2 아인이와 초이는 학교까지 걸어가며 자신이 만든 수열의 수를 번갈아가며 이야기하고 있습니다. 아인이가 먼저 시작하여 30을 먼저 말한 사람이 학교에 더 빨리 도착할 수 있습니다. 아인이와 초이 중 누가 먼저 학교에 도착합니까? 초이

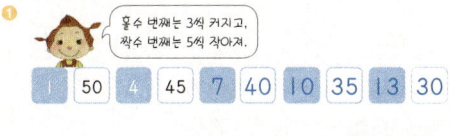

아인이는 3씩 커지는 수를 부르고, 초이는 커지는 수가 1씩 커지는 수를 부릅니다. 아인이는 열 번째에 30을 먼저 부르고, 초이는 여덟 번째에 30을 부르므로, 초이가 아인이보다 먼저 도착합니다.

⑪ 도형 개수 규칙

초이는 친구들에게 다음과 같은 초대장을 주었습니다.

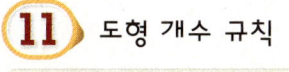

도형 개수의 규칙을 찾으면 생일 파티 날짜를 알 수 있어.

빈 곳에 다섯 번째와 여섯 번째 나오는 모양을 그려 보시오.

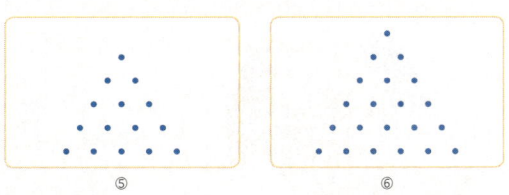

⑤   ⑥

8월 ②일은 8월 3일입니다. 8월 ⑥일은 8월 며칠인지 구하시오. 8월 21일

 규칙적으로 놓은 무늬를 보고 규칙을 알아보시오.

● ▲의 개수를 세어 □ 안에 쓰고 규칙을 알아보시오.

3	5	7	9

규칙: 2개씩 많아집니다.

● 원의 개수를 세어 □ 안에 쓰고 규칙을 알아보시오.

1	3	5	7

규칙: 2개씩 많아집니다.

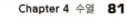 노고 포인트

도형 개수의 규칙을 찾을 때에는 규칙에 맞게 그림으로 나타내거나 도형의 개수를 수열로 나타내어 규칙을 찾을 수 있습니다.

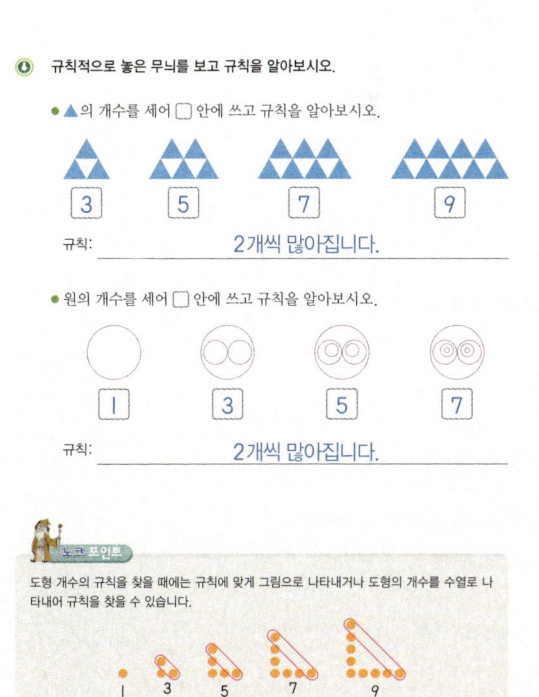

🏃 바둑돌의 개수

84·85

다음과 같이 바둑돌이 놓여 있습니다. 여러 가지 방법으로 다섯 번째 모양의 바둑돌의 개수를 구해 봅시다.

첫 번째   두 번째   세 번째   네 번째

❶ 그림을 보고 바둑돌의 개수를 알아봅시다.

• 그림을 보고 ☐ 안에 알맞은 수를 써넣으시오.

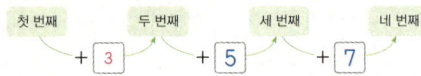
첫 번째 → 두 번째 → 세 번째 → 네 번째
+ 3   + 5   + 7

• 늘어나는 수의 규칙을 찾아 다섯 번째 모양의 바둑돌의 수를 구하시오. **25개**
1+3+5+7+9=25(개)

❷ 곱셈식을 이용하여 바둑돌의 개수를 알아봅시다.

• 바둑돌의 위치를 바꾸어 바둑돌의 개수를 곱셈식으로 나타내어 보시오.

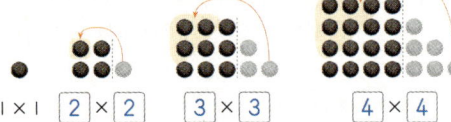
1×1   2×2   3×3   4×4

• 곱셈식의 규칙을 찾아 다섯 번째 모양의 바둑돌의 개수를 구하시오.

5 × 5 = 25 (개)

---

1 [더 많은 바둑돌]
바둑돌을 일정한 규칙으로 늘어놓았습니다. 위에서부터 열 번째 줄까지 놓았을 때, 어떤 색깔의 바둑돌이 몇 개 더 많은지 구하시오.

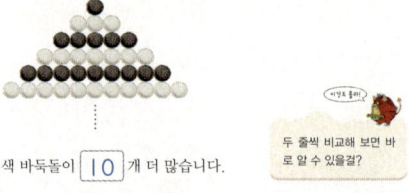

두 줄씩 비교해 보면 바로 알 수 있을걸?

흰 색 바둑돌이 10 개 더 많습니다.

두 줄씩 비교해 보면 흰색 바둑돌이 2개씩 많으므로, 열 번째 줄까지 흰색 바둑돌이 검은색 바둑돌보다 10개 더 많습니다.

2 [바둑돌의 개수]
다음과 같이 규칙적으로 바둑돌을 늘어 놓았습니다. 네 번째 모양을 만드는데 필요한 검은색 바둑돌과 흰색 바둑돌의 개수를 각각 구하시오.

첫 번째   두 번째   세 번째   네 번째

흰색 바둑돌 24 개   검은색 바둑돌 25 개

검은색 바둑돌이 흰색 바둑돌보다 1개 더 많습니다. 네 번째 모양의 바둑돌은 모두 7×7=49(개)이므로, 흰색 바둑돌 24개, 검은색 바둑돌 25개입니다.

🦉 시에르핀스키 삼각형

86·87

삼각형을 똑같이 4개로 잘라 가운데를 버리는 규칙을 반복하여 만드는 삼각형을 시에르핀스키 삼각형이라고 합니다. 다섯 번째 시에르핀스키 삼각형에서 색칠된 가장 작은 삼각형의 개수를 알아봅시다.

 ……
첫 번째   두 번째   세 번째   다섯 번째

❶ 세 번째 모양을 오른쪽과 같이 4부분으로 나누면 두 번째 모양과 같은 모양을 3개 찾을 수 있습니다.

네 번째 모양에서도 세 번째 모양을 3개 찾을 수 있습니다. 오른쪽 모양에 색칠하여 네 번째 모양을 나타내어 보시오.

❷ 같은 모양을 3개씩 모아서 다음 모양을 만드는 시에르핀스키 삼각형에서 ▲의 개수가 변하는 규칙을 설명하시오. **앞 단계의 3배가 됩니다.**

❸ 규칙을 사용하여 ▲의 개수를 구하는 다음 표를 완성하시오.

순서	첫 번째	두 번째	세 번째	네 번째	다섯 번째
▲	1	3	9	27	81

---

1 [삼각형의 개수]
아인이는 사각형 종이를 똑같이 9개로 잘라 가운데 부분은 버립니다. 아인이가 다음과 같이 이 과정을 반복할 때 색칠된 사각형 조각이 늘어나는 규칙을 쓰시오.

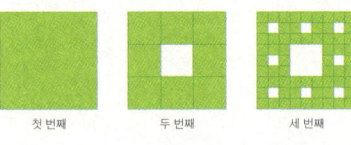
첫 번째   두 번째   세 번째

규칙: **앞 단계의 8배가 됩니다.**

2 [나뭇가지의 개수]
다음과 같은 규칙으로 나무의 가지가 뻗어나가고 있습니다. 뻗은 나뭇가지의 수가 63개가 되는 모양은 몇 번째 모양입니까? **여섯 번째**

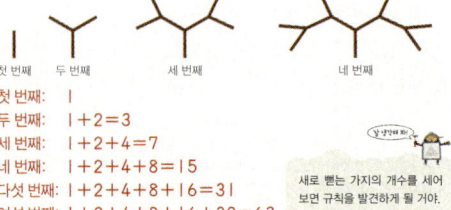
첫 번째   두 번째   세 번째   네 번째

첫 번째: 1
두 번째: 1+2=3
세 번째: 1+2+4=7
네 번째: 1+2+4+8=15
다섯 번째: 1+2+4+8+16=31
여섯 번째: 1+2+4+8+16+32=63

새로 뻗는 가지의 개수를 세어 보면 규칙을 발견하게 될 거야.

정답 및 해설 19

⑫ 성냥개비 규칙

아인, 지오, 태경이가 성냥개비를 사용하여 집을 만들고 있습니다. 지오는 태경이처럼 나란히 붙어 있는 집 5채를 만들려고 합니다.

나는 집 1채를 만들었어.

나는 집 5채를 만들려고 하는데, 성냥개비가 몇 개 필요한 거지?

나는 집 2채를 만들었지.

아인   지오   태경

아인이가 집 1채를 만드는 데 사용한 성냥개비는 몇 개입니까? 6개

집 2채를 만든 태경이는 아인이보다 성냥개비를 몇 개 더 사용했습니까? 5개

지오에게 필요한 성냥개비의 개수를 구하시오. 26개
6+5+5+5+5=26(개)

성냥개비를 일정한 모양으로 늘어놓고 있습니다. 다섯 번째에 올 모양을 만드는 데 필요한 성냥개비의 개수를 구하시오.

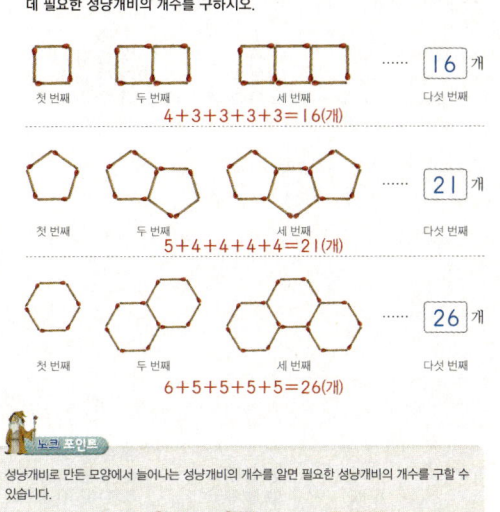

첫 번째 두 번째 세 번째 ·········· 16 개   다섯 번째
4+3+3+3+3=16(개)

첫 번째 두 번째 세 번째 ·········· 21 개   다섯 번째
5+4+4+4+4=21(개)

첫 번째 두 번째 세 번째 ·········· 26 개   다섯 번째
6+5+5+5+5=26(개)

노크 포인트

성냥개비로 만든 모양에서 늘어나는 성냥개비의 개수를 알면 필요한 성냥개비의 개수를 구할 수 있습니다.

첫 번째 두 번째 세 번째 ······ 열 번째

① 삼각형이 1개 늘어날 때마다 성냥개비가 2개씩 더 필요합니다.
② 열 번째 모양은 삼각형이 10개이고, 처음 1개의 삼각형은 성냥개비 3개, 나머지 9개의 삼각형은 성냥개비가 2개씩 필요합니다.
③ 열 번째 모양을 만드는 데 필요한 성냥개비의 개수는 3+18=21(개)입니다.

🐱 커지는 도형

규칙을 찾아 다섯 번째 모양에 필요한 성냥개비의 개수를 구해 봅시다.

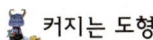

첫 번째   두 번째   세 번째

❶ 세 번째 모양에 성냥개비를 간단하게 그려서 네 번째 모양을 완성해 보시오.

네 번째

❷ 다음은 성냥개비의 개수를 나타낸 표입니다. 위의 그림을 보고 표를 완성하고, ☐ 안에 알맞은 수를 쓰시오.

순서	첫 번째	두 번째	세 번째	네 번째
성냥개비 개수	4	10	18	28

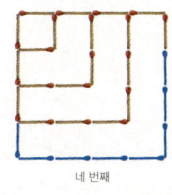

+6   +8   +10

❸ 늘어나는 성냥개비의 규칙을 이용하여 다섯 번째 모양의 성냥개비의 개수를 구하시오. 40개
28+12=40(개)

[커지는 삼각형]

1 다음과 같은 규칙으로 성냥개비를 사용하여 모양을 만들 때, 여섯 번째 모양에 필요한 성냥개비의 개수를 구하시오. 33개

첫 번째 두 번째 세 번째

성냥개비가 몇 개씩 많아지는지 세어 봤을까?

여섯 번째: 3+4+5+6+7+8=33(개)

[커지는 모양]

2 성냥개비를 사용하여 다음과 같은 모양을 만들 때, 다섯 번째 모양에 필요한 성냥개비의 개수를 구하시오.

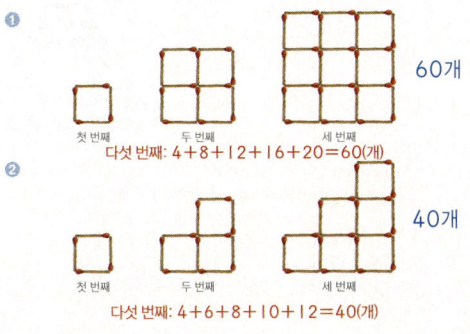

❶

첫 번째 두 번째 세 번째   60개
다섯 번째: 4+8+12+16+20=60(개)

❷

첫 번째 두 번째 세 번째   40개
다섯 번째: 4+6+8+10+12=40(개)

🐻 다섯 번째 모양

성냥개비를 사용하여 피라미드를 만들고 있습니다. 다섯 번째 피라미드를 만드는 데 필요한 성냥개비의 개수를 구해 봅시다.

첫 번째 　　두 번째 　　세 번째

❶ 성냥개비를 3개씩 모아서 세기 위해서 성냥개비 3개로 둘러 싸인 삼각형에 색칠을 하였습니다. 색칠한 삼각형의 개수를 구하여 다음 표를 완성하시오.

첫 번째 　　두 번째 　　세 번째

순서	첫 번째	두 번째	세 번째	네 번째	다섯 번째
삼각형의 개수	1	3	6	10	15

+2　+3　+4　+5

❷ 다섯 번째 피라미드에 필요한 성냥개비는 몇 개입니까?
45개

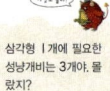
삼각형 1개에 필요한 성냥개비는 3개야. 몰랐지?

---

1 [성냥개비 탑]
일정한 규칙에 따라 성냥개비로 탑을 쌓고 있습니다. 다섯 번째 모양에 필요한 성냥개비의 개수를 구하시오. **60개**

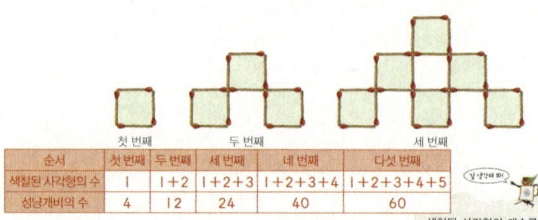

첫 번째　　　두 번째　　　　세 번째

순서	첫 번째	두 번째	세 번째	네 번째	다섯 번째
색칠된 사각형의 수	1	1+2	1+2+3	1+2+3+4	1+2+3+4+5
성냥개비의 수	4	12	24	40	60

색칠한 사각형의 개수를 생각해서 구하면 훨씬 더 빨리 구할 수 있어.

2 [성냥개비 삼각형]
일정한 규칙에 따라 성냥개비를 나열하였습니다. 다섯 번째 모양에 필요한 성냥개비는 몇 개입니까? **33개**

첫 번째　　　두 번째　　　세 번째

다섯 번째 삼각형의 개수: 3+2+2+2+2=11(개)
다섯 번째 성냥개비의 개수: 33개

🧒 창의적 문제해결력

1 다음 수열의 규칙을 쓰고, ☐ 안에 알맞은 수를 써넣으시오.

| 1 | 1 | 2 | 3 | 5 | 8 | 13 | 21 | 34 | 55 | 89 | 144 |

규칙: **뒤의 수는 앞 두 수의 합입니다.**
55+89=144

2 수열이 숨겨진 미로가 있습니다. 작아지는 수가 일정하게 커지는 수열을 따라 미로를 통과해보시오.

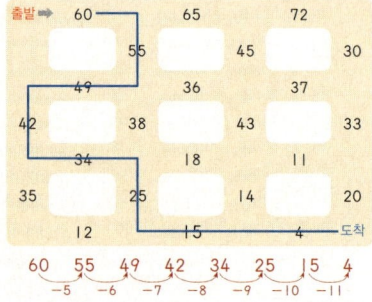

60　55　49　42　34　25　15　4
　-5　-6　-7　-8　-9　-10　-11

📹 동영상 특강
QR 코드를 찍어 보세요!

3 성냥개비를 사용하여 다음과 같은 모양을 만들고 있습니다. 성냥개비 70개를 모두 사용하여 만든 모양에서 찾을 수 있는 크기가 모두 같은 사각형의 개수를 구하시오. **28개**

첫 번째　　두 번째　　세 번째　　네 번째
사각형 1개　사각형 3개　사각형 6개　사각형 10개

일곱 번째 성냥개비의 수: 4+6+8+10+12+14+16=70(개)
일곱 번째 사각형의 수: 1+2+3+4+5+6+7=28(개)

4 다음과 같이 벌집의 크기가 일정하게 커지고 있습니다. 벌집의 작은 한 칸에 벌이 한 마리씩 살고 있다고 할 때, 아홉 번째 벌집에 살고 있는 벌은 모두 몇 마리입니까? **81마리**

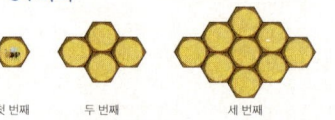

첫 번째　　　두 번째　　　세 번째　　…

첫 번째: 1×1　　　　첫 번째: 1
두 번째: 2×2　　　　두 번째: 1+3
세 번째: 3×3　　　　세 번째: 1+3+5

아홉 번째: 9×9=81(마리)　　아홉 번째: 1+3+5+……+15+17=81(마리)

MEMO

MEMO

MEMO

누구나 **쉽고 재미있게**
사고력
수학
노크

정답및 해설

규칙

B6
(9~10세)

천재교육